Oscar storia

a Emilia
con tanto affetto

Gianni

Verona, 19-1-2011

Arrigo Petacco

L'esodo

La tragedia negata degli italiani d'Istria,
Dalmazia e Venezia Giulia

OSCAR MONDADORI

© 1999 Arnoldo Mondadori Editore S.p.A., Milano

I edizione Le Scie settembre 1999
I edizione Oscar storia ottobre 2000

ISBN 88-04-48473-X

Questo volume è stato stampato
presso Mondadori Printing S.p.A.
Stabilimento NSM – Cles (TN)
Stampato in Italia – Printed in Italy

Ristampe:

3   4   5   6   7   8   9   10

2002   2003   2004   2005

INDICE

L'ESODO

Quando l'etnia non va d'accordo con la geografia, è l'etnia che deve muoversi.

Benito Mussolini

Nel 1945 io e Kardelj fummo mandati da Tito in Istria. Era nostro compito indurre tutti gli italiani ad andar via con pressioni di ogni tipo. E così fu fatto.

Milovan Gilas

Parte prima

LA QUESTIONE GIULIANA

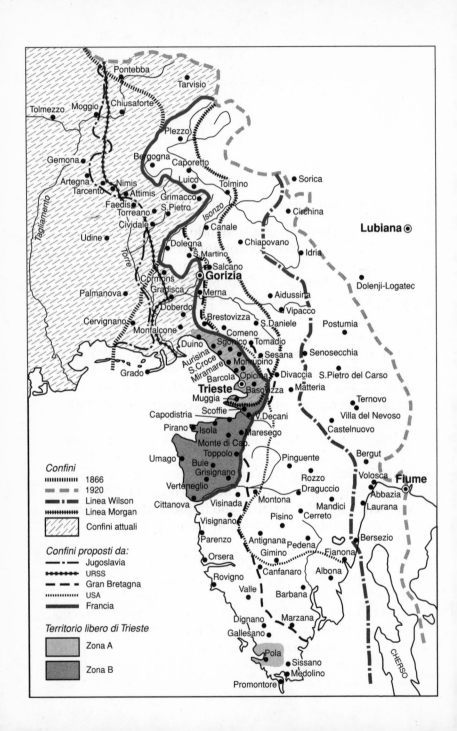

Una questione di giardinaggio

«Sembra che stiano inchiodando una cassa da morto» borbottò un vecchio. Gli uomini attorno a lui avevano un'espressione tetra e le donne piangevano in silenzio mentre, poco lontano, i genieri britannici conficcavano nel terreno a martellate dei lunghi paletti di ferro colorati di giallo.

Più tardi, un giovanotto andò a mettersi ginocchioni davanti al primo paletto per osservare gli altri d'infilata.

«Se proseguono su questa linea taglieranno in due la casa di Luca» commentò. Poi si rialzò e allargò le braccia con un gesto sconsolato. «Il mio podere, comunque, è bell'e andato.»

Una bora tesa e leggera scendeva dal Carso verso il mare facendo rabbrividire le fronde argentee dei giovani pioppi. Altri uomini andarono a inginocchiarsi come in preghiera per controllare la direzione indicata dalla fila di picchetti gialli. Poi si rialzavano imprecando sottovoce in dialetto triestino. Quasi tutti gli astanti parlavano triestino. Pochi altri in sloveno.

Il lavoro degli uomini del Royal Engineers procedeva con esasperante lentezza. Di tanto in tanto, il martellio cadenzato e funereo veniva interrotto dall'urlo del sergente MacMuller, un grosso americano che dirigeva i lavori con l'occhio incollato all'oculare del teodolite, lo strumento ottico per le misurazioni topografiche.

«Stop!» gridava MacMuller. Poi andava a consultare i tre ufficiali – uno inglese, uno americano e uno jugoslavo

– i quali, chini su una carta a venticinquemila distesa sul prato, erano immersi in calcoli laboriosi e difficili. Ricoprivano tutti e tre il grado di maggiore poiché in casi del genere la parità di grado è obbligatoria. Il maggiore Milan Grcar, uno jugoslavo tarchiato e biondastro, era pignolo e litigioso. Contestava ogni decisione e spesso andava personalmente a controllare le misurazioni indicate dal teodolite percorrendo passo per passo il terreno conteso. Era capace di piantare una grana per un pioppo o un palmo di prato. Il maggiore Edward Morris, un inglese anziano e panciuto, era il più accomodante dei tre. Ma quasi sempre dava ragione all'ufficiale titino, mentre il maggiore William Grover, un americano giovane, biondo, quasi un ragazzo, gli era apertamente ostile.

Terminato il consulto, il sergente MacMuller tornava a chinarsi sul teodolite e a gridare i suoi ordini ai genieri in attesa.

«*Ten feet towards Jugoslavia.*»

«*Four feet towards Italy.*»

Dieci piedi in favore della Jugoslavia, quattro in favore dell'Italia... I presenti, quasi tutti contadini del posto, seguivano quegli spostamenti col cuore in gola. Quella terra che i tre ufficiali stavano spartendo era la loro terra, la loro vita. Intanto il sergente americano continuava a gridare: «*Two inches on your left*», due pollici a sinistra...

Il sergente MacMuller era un veterano della seconda guerra mondiale e uno specialista in questo genere di misurazioni confinarie. Due anni prima, finita la guerra di Corea, aveva tracciato il confine fra Corea del Sud e Corea del Nord lungo il 38° parallelo. «Spero che questo confine sia meno rovente di quello» dirà più tardi ai giornalisti.

Era il 7 ottobre del 1954. Il 5 ottobre, a Londra, i governi di Stati Uniti, Gran Bretagna, Italia e Jugoslavia avevano firmato il Memorandum d'intesa che poneva fine all'annosa e anche sanguinosa questione giuliana che perdurava dalla fine della seconda guerra mondiale. Il Memorandum stabiliva che entro il 26 ottobre il Territorio

Libero di Trieste (TLT), fino allora retto da un Governo Militare Alleato, avrebbe cessato di esistere e le due zone in cui era diviso assegnate ai due paesi confinanti. La zona «A», che andava da Duino a Trieste ed era amministrata dagli Alleati, sarebbe tornata all'Italia. Per la zona «B», che andava da Capodistria a Cittanova e che era già stata assegnata all'amministrazione civile jugoslava, il Memorandum affidava ai governi di Roma e di Belgrado il compito di dirimere in futuro la sua destinazione. Ma il fatto compiuto già dava per scontato che sarebbe toccata alla Jugoslavia.

Di questo doloroso accordo che strappò alla madrepatria l'ultimo lembo di terra istriana e che fu definitivamente ratificato con il Trattato di Osimo nel 1975, avremo occasione di riparlare. Limitiamoci per ora a rivivere i momenti dell'ultima spartizione.

La zona «A» e la zona «B» erano divise dal primo tratto della cosiddetta «linea Morgan», dal nome dell'ufficiale inglese che l'aveva tracciata nel 1945. Si trattava di una linea di demarcazione affrettata e provvisoria, e ciò aveva favorito i delegati jugoslavi presenti a Londra i quali avevano facilmente ottenuto correzioni e rettifiche a loro favorevoli. Alla fine era stato deciso che la nuova linea, la quale avrebbe poi segnato il confine di stato fra Italia e Jugoslavia, sarebbe partita «da dove il 50° parallelo si incontra con la costa». Ossia dalla spiaggetta di San Bartolomeo nel comune di Muggia, per risalire in linea d'aria per otto chilometri fino a Prebenico sul colle di San Michele. «Una rettifica insignificante» avevano commentato gli esperti, subito appoggiati da coloro che, anche in Italia, desideravano porre fine alla complessa *querelle* che ci divideva dalla Jugoslavia diventata, nel frattempo, un paese *quasi* amico. «Una semplice questione di giardinaggio» ribadirono i giornali.

In effetti, se considerata nel quadro di quanto era accaduto in quella regione, la spartizione di quei pochi metri di terra appariva del tutto marginale e le sue conseguenze non riuscivano a commuovere nessuno. Nessuno tranne i diretti interessati che ora seguivano angosciati i genieri britannici intenti a conficcare paletti gialli sul terreno sotto la guida del sergente MacMuller.

Palo dopo palo, l'agonia di questa gente durò nove giorni. Bastava lo scarto di poche decine di metri, reclamato dall'ostinato maggiore Grcar, per decidere la sorte di un gruppo di case, di un podere, di una o più famiglie. Ventisette borgate appartenenti al comune di Muggia passarono in questo modo alla Jugoslavia. Man mano che avanzava l'inesorabile linea gialla gli abitanti che fino a quel momento avevano vissuto sonni tranquilli, sicuri di rimanere in Italia, si affrettavano a raccogliere le poche masserizie e a caricarle su carri trainati da buoi in direzione di Trieste. Qualcuno fece in tempo a mietere il granturco, altri a vendemmiare l'uva ancora acerba: ultimi raccolti di una terra che possedevano da generazioni e che ora gli veniva carpita.

I «casi umani» insoluti, malgrado la buona volontà del maggiore Grover, furono centinaia. Poco lontano dallo sbocco a mare del torrente San Bartolomeo c'era lo chalet «Caravella» del triestino Umberto Greatti, che lo aveva costruito indebitandosi fino al collo. Glielo portarono via ignorando le sue proteste. La «Caravella» era stata inaugurata nel marzo del 1953. Aveva un anno e mezzo di vita.

Come aveva previsto il giovanotto che aveva studiato ginocchioni la mira dei paletti gialli, la casa di Luca Eller fu effettivamente tagliata a metà: cucina e camera da letto in Italia, salotto e magazzino in Jugoslavia. Alla famiglia Pecchiar, di Rabuiese, portarono via soltanto l'aia e il pollaio. Si stavano insomma ripetendo le stesse assurde spartizioni registrate anni prima nel Goriziano dove persino un cimitero era stato disinvoltamente tagliato in due.

Nel paese di Crevatini, assegnato dopo una lunga disputa alla Jugoslavia, tutti gli abitanti, senza eccezione, scelsero la triste via dell'esodo. Uno di loro, il muratore Luigi Crevatini, prima della guerra si era trasferito a Fiume con la famiglia. Quando la guerra stava per finire era retrocesso a Capodistria e, nel 1945, per sfuggire ai titini, era tornato nel paese natio rimasto nella zona «A». Anche lui era convinto di essere ormai al sicuro, invece fu di nuovo costretto a fare i bagagli. «Ma questa volta» protestava «me ne vado il più lontano possibile. Magari in Sicilia.» Il cantoniere Mario Borrini, nativo di Massa Carrara, era invece soddisfatto dell'arretramento del confine. E non solo perché la casa cantoniera era rimasta in Italia: «Una volta» spiegava «il tratto di strada che mi era affidato giungeva fino a Capodistria, poi mi hanno levato il tratto da Capodistria ad Albaro Vescovà. Adesso avrò un altro chilometro di strada in meno da tenere in ordine».

Miracolata fu anche una famiglia di Belpoggio di nome Samec. Secondo il maggiore Grcar la loro casa, di un gruppo di sette, doveva passare alla Jugoslavia. Avevano già raccolto le masserizie per rifugiarsi a Muggia quando grazie al maggiore Grover la commissione confinaria riconobbe di avere commesso un errore di venti metri. I Samec tornarono a casa, in Italia.

Il maggiore William Grover fece, per la verità, tutto il possibile per risolvere al meglio i «casi umani» più penosi creati da quella linea inesorabile che sezionava il terreno come un bisturi la carne viva. Ma Grcar, ostinato, teneva duro. Spesso andava a consultare un gruppo dei suoi che sostava in disparte: uomini in divisa, con la stella rossa sulla bustina, che attorniavano un tizio in borghese dall'aria schiva e avaro di parole, il commissario politico. Poi tornava più ostinato di prima.

I potenziali sfrattati restavano fino all'ultimo attorno alle loro case, nella speranza che l'avanzata dei paletti deviasse il percorso. Seguivano immancabilmente scene strazianti. Poche famiglie, non sempre di nazionalità slovena, accettarono di buon grado la loro sorte, le altre difesero fino all'ultimo le loro proprietà fra le imprecazioni degli uomini e i pianti delle donne. Un vecchio agricoltore, di nome Giovanni Bort, gettò per terra l'ultimo cesto dell'uva acerba che andava raccogliendo, poi lanciò con rabbia il proprio cappello contro l'ufficiale jugoslavo: «Avrò la casa in Zona A e il podere in Zona B» gridò con rabbia. «Questi sono errori che resteranno nella storia!» Un'altra frase *storica* raccolta dai cronisti la pronunciò un contadino di Cerei: «Voi mi avete rubato il destino» urlò rivolto alla commissione. Ignazio Babich, che abitava a Bosini, prima di andarsene caricò sul carro anche i mattoni che dovevano servirgli per costruire il pollaio: «Non voglio che se lo costruiscano loro con la mia roba» spiegò. Il villaggio di Chiampore fu tagliato esattamente a metà. All'Italia rimasero la chiesa, la scuola e poche case. Il maggiore Grcar fu visto sorridere quando su una delle case assegnate alla Jugoslavia lesse l'insegna «Casa del Popolo Alma Vivoda»: era la sede del partito comunista. Un'ultima, amara curiosità: come già era accaduto prima a Pola e nel Goriziano, i profughi lasciarono significativamente spalancata la porta di casa. Tanto...

Complessivamente, l'«Operazione Giardinaggio» era costata all'Italia ventisette borgate abitate da 1.340 famiglie pari a 3.855 individui. Già alla fine di quella settimana 2.941 di essi avevano «scelto la libertà» pur sapendo che l'Italia non li avrebbe accolti a braccia aperte... Erano gli ultimi spiccioli della cambiale della seconda guerra mondiale che la Venezia Giulia pagava per conto di tutti gli italiani.

La sera del 25 ottobre 1954, mentre i nostri bersaglieri si concentravano a Duino per raggiungere Trieste, le truppe jugoslave si attestarono lungo il nuovo confine. Dietro di loro venivano gli autocarri con i coloni che si sarebbero stabiliti nelle case abbandonate. Nell'oscurità si udiva il canto un po' assonnato di *Bandiera rossa*, in italiano.

Il giorno seguente il «Giornale di Trieste», alludendo alla scoperta partigianeria britannica nei confronti della Jugoslavia, pubblicava una vignetta significativa. In essa si vedeva il Maresciallo Tito oltrepassare con passo baldanzoso la vecchia «linea Morgan» osservato con simpatia da due *gentlemen* in tuba e tight. Uno di essi diceva: «Bisogna riconoscere che Tito ha fatto di tutto per venirci incontro...».

Qualche tempo dopo, lo scrittore istriano Pier Antonio Quarantotti Gambini, esule a Trieste, rievocando i festeggiamenti per la restituzione della città all'Italia, così annotava nel suo diario: «Non so con quali sentimenti si siano ritrovati nelle loro case, la sera del 26, le centinaia di migliaia di triestini che hanno inneggiato all'Italia e ai suoi soldati. Io, riaprendo quella sera la scrivania, ho avuto un brivido. Rivedevo lì, davanti a me, diversi foglietti tricolori sui quali ancora si leggeva: *Triestini, ricordate i vostri quaranta giorni sotto i titini? Noi li stiamo vivendo da un anno. Aiutateci!* Foglietti volanti diffusi dagli istriani nella primavera del 1946...».

Trieste non aiutò gli istriani e Roma nemmeno. Ma questa è una storia che va raccontata dal principio.

Il mosaico impazzito

Nei territori di confine non favoriti dalla natura (fiumi, mari, catene montuose), anche quando i due gruppi etnici che si confrontano non tendono a mescolarsi, è sempre stato difficile tracciare una linea di demarcazione capace di accontentare entrambi. Nel corso degli anni, infatti, gli spostamenti naturali delle popolazioni, oltre alle occupazioni territoriali retaggio di antichi conflitti, hanno finito per creare una sorta di mosaico impazzito nel quale è quasi sempre impossibile raccapezzarsi. E nel quale, nei momenti di crisi, sia una parte che l'altra può facilmente trovare il *casus belli* necessario per legittimare le proprie rivendicazioni. «Il confine, in geografia politica» ha scritto Ambrose Bierce nel suo corrosivo *Dizionario del diavolo* «è quella linea immaginaria tra due nazioni che separa i diritti immaginari dell'una dai diritti immaginari dell'altra.» L'esempio classico di questo fenomeno è rappresentato dall'ex Jugoslavia, uno Stato multinazionale unificato da una forza centralista, venuta meno la quale i gruppi etnici che lo componevano sono tornati a combattere gli uni contro gli altri tutti convinti dei loro diritti e delle loro ragioni.

Da alcuni anni, infatti, assistiamo inorriditi alla sanguinosa disgregazione di questo Stato, nato sui tavoli di Versailles nel 1918 e irrobustito su quelli di Parigi e di Londra dopo la seconda guerra mondiale. Tutte le nazionalità che lo componevano sono in fermento: croati, sloveni, serbi, bosniaci, montenegrini, kosovari... tutte tranne una, quella italiana storicamente radicata nella Venezia Giulia, nell'Istria e nella Dalmazia. Perché? La spiegazione è drammaticamente semplice: in quelle regioni dove ancora si incontrano vestigia romane, leoni di San Marco e fasci littori, di italiani non ce ne sono più. I pochi che ancora vi vivono sono i discendenti di coloro che nel secondo dopoguerra scelsero di diventare jugoslavi mentre gli altri, a migliaia sono finiti nelle foibe e a centinaia di migliaia sono stati costretti all'esilio. Oggi i superstiti di questa «pulizia etnica» *ante litteram* sono sparsi in Italia e nel mondo in una diaspora verso la quale la madrepatria si è dimostrata obiettivamente ingrata e anche ipocrita.

Lo sradicamento forzato dell'elemento italiano dalle regioni giuliane che si affacciano sull'altra sponda dell'Adriatico non ne ha naturalmente modificato l'immagine storica. Come tutti sanno, infatti, la loro italianità ha origini molto antiche. Prima Roma e poi Venezia vi hanno portato la civiltà e questo fatto resta indiscutibile. Ma ciò non toglie tuttavia che il flusso continuo delle popolazioni nel corso dei secoli abbia creato appunto quel mosaico impazzito di cui si diceva. Lasciamo quindi perdere i velleitari diritti di primogenitura o, meglio ancora, i risultati dei vari censimenti che risultano sempre ingannevoli e contraddittori. Veniamo invece alla storia più recente.

Verso la fine del secolo scorso, quando queste regioni facevano ancora parte dell'Impero asburgico, gli italiani erano maggioritari nelle città, ma pressoché assenti nelle campagne («isole italiane in un mare slavo» le definirà un nazionalista croato). Da parte sua, il governo austriaco, allo scopo di frenare l'insorgente nazionalismo italico alimentato dalla ventata risorgimentale che proveniva dalla penisola, cercava in ogni modo di ridurne la crescita sia favorendo l'afflusso sulla zona costiera di popolazioni slave provenienti dall'interno sia limitando l'immigrazione dei cosiddetti *regnicoli*, gli italiani d'Italia.

All'inizio di questo secolo, per esempio, Trieste, da sempre interamente italiana, grazie al boom economico che l'aveva collocata al quarto posto nell'Impero dopo Vienna, Praga e Budapest (230.000 abitanti), era diventata in pochi decenni una città a sola maggioranza italiana (25 per cento slavi, 5 per cento tedeschi) e se non fosse scoppiata la prima guerra mondiale, secondo lo storico triestino Glauco Arneri, gli italiani sarebbero diventati minoranza perché il ritmo dell'immigrazione slava l'avrebbe portata in breve tempo a superare il mezzo milione di abitanti.

A favorire questo processo contribuì attivamente anche il clero cattolico, prevalentemente di nazionalità slava, il quale affiancava volenterosamente il governo asburgico: in quegli anni infatti l'Austria cattolica si opponeva alla laica Italia che non solo aveva abbattuto lo Stato della Chiesa, ma persino confinato il Papa in Vaticano. Di conseguenza, dai pulpiti delle parrocchie di campagna, i padroni delle terre (quasi sempre italiani) venivano presentati come massoni, miscredenti o ebrei e contrapposti agli umili contadini (sempre slavi) ferventi cattolici e fedeli sudditi dell'imperatore. Come più tardi la nazionalità verrà collegata alla politica (*italiani = fascisti, slavi = comunisti*), essa era allora collegata alla religione (*slavi = cattolici filoaustriaci, italiani = atei irredentisti*).

Furono queste, soprattutto, le ragioni che spinsero i preti a diffondere nelle campagne il nazionalismo slavo. Essi erano infatti molto influenti e molto numerosi. La storica Paola Romano rileva per esempio che all'inizio del secolo nella sola diocesi di Trieste su 290 sacerdoti, 190 erano slavi e in Istria la liturgia veniva addirittura celebrata nella lingua locale, lo *schiavetto*. La curiosa definizione di questo gergo diffuso nelle campagne, ci consente una digressione che risulterà certamente più illuminante di tante indagini sociologiche per capire il rapporto esistente fra l'elemento italiano e quello slavo. Già ai tempi della Serenissima, gli abitanti non veneti della costa orientale adriatica venivano sprezzantemente chiamati *schiavi* (poi trasformato in *slavi*). *Schiavoni* erano le guardie dalmate dei dogi, *Slavonia* stava a significare terra degli *schiavi* e *schiavetto* il loro dialetto ricco di parole venete slavizzate.

Fin dalla metà del secolo scorso, quando una ventata rivoluzionaria risvegliò i nazionalismi sopiti nelle varie regioni dell'Impero asburgico, anche nei Balcani fecero apparizione sulla scena le nuove *élites* culturali (croate, serbe, slovene) le quali, più che contro l'Austria, indirizzarono i loro strali contro gli italiani che in quelle regioni costituivano la borghesia o comunque la classe privilegiata. I primi a dare fuoco alle polveri furono i croati i quali sostenevano le proprie rivendicazioni con metodi piuttosto cruenti, tanto da far dire al dalmata Niccolò Tommaseo che «i croati usano le pietre come virgole e i fucili come punto esclamativo». Costoro chiedevano al governo austriaco l'annessione della Dalmazia e delle sue belle città rese ricche e operose dall'intraprendenza degli italiani. Gli sloveni ambivano invece a espandersi nella Venezia Giulia, richiamati dal fascino esercitato dalla fiorente città di Trieste in cui già abitavano più sloveni che a Lubiana. I serbi infine, ossessionati dal mito della Grande Serbia, inseguivano il sogno di diventare il «Piemonte dei Balcani» e di estendere la propria egemonia su tutti gli stati slavi del Sud.

Sebbene divisi da profondi odi ancestrali, che scavano ancora abissi fra le varie nazionalità, i popoli slavi avevano insomma trovato una sorta di collante nel complesso di inferiorità che provavano nei confronti degli italiani: un popolo non slavo che essi consideravano un intruso nella loro terra.

La «Vittoria mutilata»

Quando il 28 luglio del 1914 scoppiò la prima guerra mondiale, il contrasto fra italiani e slavi all'interno dell'Impero asburgico aveva raggiunto livelli arroventati. Favoriti dalle recenti immigrazioni, questi ultimi erano nel frattempo diventati una importante forza elettorale (nella sola Venezia Giulia circa 350.000 italiani si confrontavano con circa 470.000 slavi) mentre gli altri erano venuti a trovarsi in una situazione difficile e delicata. Quasi degli stranieri in patria.

Il conflitto italo-austriaco presentò fin dall'inizio negli ambienti politici italiani due aspetti contraddittori e tali da dividere gli *interventisti* in due categorie. Quelli che (come D'Annunzio, Mussolini, gli accesi nazionalisti e i futuristi) parlavano di «guerra bella e sola igiene del mondo» ed esprimevano nell'intervento una volontà di espansione imperialista da grande potenza. E quelli che (come Gaetano Salvemini, Pietro Nenni, Antonio Gramsci e altri futuri leader della sinistra democratica) consideravano quella guerra l'epilogo naturale del processo unitario nazionale iniziato col Risorgimento.

Gli irredentisti giuliani, istriani e dalmati appartenevano ovviamente alla seconda categoria, essi vedevano infatti nel conflitto l'unica via da percorrere per riunirsi finalmente alla madrepatria. Il loro contributo alla vittoria delle armi italiane fu significativo: oltre duemila furono i giuliani che, sfidando il capestro, disertarono l'esercito austriaco per indossare il nostro grigioverde. Si guadagnarono 11 Medaglie d'oro, 183 d'argento e 145 di bronzo. I morti furono 302 e quasi 500 i feriti. Quattro di loro, catturati in uniforme italiana e processati come traditori, finirono sulla forca. I loro nomi sono scritti nell'Albo della gloria: Nazario Sauro di Capodistria, Cesare Battisti di Trento, Francesco Rismondo di Spalato e Fabio Filzi di Pisino.

Dopo la vittoria italiana del 1918 – vittoria che D'Annunzio definirà «mutilata» proprio per le controversie circa la destinazione dei territori istriani e dalmati – i nazionalismi italiano e slavo tornarono a scontrarsi. Anche se le popolazioni slave avevano lealmente combattuto nell'esercito austro-ungarico, i loro leader erano ugualmente riusciti ad inserirsi abilmente nei giochi che si stavano svolgendo sui tavoli della diplomazia. La creazione dello Stato jugoslavo, come Federazione degli stati slavi del Sud, aveva infatti riaperto complicati contenziosi confinari. Francia e Inghilterra, per esempio, malgrado il considerevole apporto italiano alla vittoria comune, non vedevano di buon occhio la nostra espansione nelle ex province asburgiche e, di conseguenza, prestavano orecchio alle rivendicazioni jugoslave secondo le quali il nuovo confine avrebbe dovuto toccare il Tagliamento ed inglobare nella Federazione persino la città di Udine. A complicare le cose era intervenuto successivamente il presidente americano Wilson il quale, forse perché abituato a tracciare confini su terre deserte e senza storia come quelle degli Stati Uniti, pretendeva ingenuamente che la nuova frontiera venisse fissata «lungo linee di nazionalità chiaramente riconoscibili». Un'anticipazione del principio americano circa il diritto all'autodeterminazione dei popoli che nel secondo dopoguerra sarà causa di complesse vertenze internazionali.

Nei mesi che seguirono, i contrasti fra le Potenze vincitrici si erano ulteriormente acuiti. La «linea Wilson», che assegnava alla Jugoslavia l'Istria orientale e la Dalmazia, era stata violentemente contestata dall'opinione pubblica italiana. Il capo del governo, Vittorio Emanuele Orlando, in segno di protesta, aveva addirittura abbandonato piangendo la Conferenza della pace di Parigi. Da parte sua, il poeta-soldato Gabriele D'Annunzio, alla testa di un piccolo esercito di volontari, aveva occupato militarmente la città di Fiume costituendo, l'8 settembre del 1920, la «Reggenza del Carnaro», una sorta di «Stato libero» che sarà alla fine liquidato, dopo uno scontro fratricida fra legionari fiumani e i reparti regolari del regio esercito guidati dal generale Enrico Caviglia, nel «Natale di sangue» del 1920. Il problema dei confini con la Jugoslavia veniva comunque parzialmente risolto con il Trattato di Rapallo del 12 novembre del 1920. Esso dichiarava Fiume «città libera» e assegnava all'Italia l'intera Istria e, in Dalmazia, la città di Zara e le isole di Cherso, Lussino, Lagosta e Pelagosa. Il governo di Belgrado, tuttavia, non aveva voluto ratificarlo: considerandolo un *diktat*, si era rifiutato di presentarlo in Parlamento. Solo nel 1927, con i Patti di Roma siglati dal capo del governo italiano Benito Mussolini e dal suo omologo jugoslavo Nikola Pašić, il Trattato veniva ratificato e il problema fiumano veniva risolto con l'assegnazione all'Italia della città di Fiume e alla Jugoslavia di Porto Barros.

Con l'acquisizione di Fiume, dopo quella di Pola e di Zara, l'Italia raggiungeva finalmente quei confini nazionali sognati dai teorici del nostro Risorgimento. Ma la conquista di territori storicamente italiani non significava che tutti gli abitanti di quelle terre fossero felici di diventare tali...

Le promesse non mantenute

«A questi cittadini» aveva dichiarato alla Camera il ministro degli Esteri Carlo Sforza in difesa del Trattato di Rapallo e in risposta ai socialisti che reclamavano garanzie per la minoranza slava «noi assicureremo la libertà di lingua e di cultura. Ciò è per noi un punto d'onore e anche di saggezza politica...»

Parole sante, ma anche promesse vane di un'Italia liberale ormai prossima al tramonto. Per la verità, anche sotto gli ultimi governi prefascisti, nelle province *redente* il nazionalismo italiano aveva cominciato a rivelare il suo vol-

to ostile: ora procedendo alla rimozione o alla falsificazio-
ne di un passato secolare ritenuto vergognoso, ora addirittura demolendo le vestigia che lo simbolizzavano. Nel
1919, per esempio, era stato distrutto nottetempo, a Trieste, il monumento della *Dedizione* agli Asburgo. Nel 1920
era stata rimossa la statua di Massimiliano d'Austria,
l'imperatore del Messico fucilato a Queretaro nel 1867 e,
l'anno successivo, aveva seguito la stessa sorte quella del-
l'imperatrice Elisabetta, la popolarissima *Sissi*, che sarà ri-
collocata al suo posto soltanto nel 1997.

Con l'entrata in vigore del Trattato di pace, nelle *nuove
province* aveva anche avuto inizio una progressiva trasformazione etnica a seguito della *fuga* in massa di chi rifiutava la cittadinanza italiana. I primi ad andarsene erano stati i borghesi austriaci insieme ai burocrati dell'ex
amministrazione imperiale, subito seguiti dalla borghesia slava di recente immigrazione richiamata dalle opportunità che offriva la nuova Jugoslavia, mentre la maggior parte della popolazione contadina croata e slovena,
tradizionalmente attaccata alla propria terra, aveva preferito rimanere. È tuttavia opportuno precisare che questo esodo non fu provocato da pressioni politiche quanto
dalla sopraggiunta crisi economica. Passata la grande
ubriacatura della vittoria, l'intera regione *redenta* si era
infatti trovata a fare i conti con la nuova realtà, che non
era sotto molti aspetti positiva. Trieste in particolare fu la
principale vittima del nuovo corso. Il suo porto, un tempo ricco e fiorente grazie alla sua unicità nell'economia
dell'Impero asburgico, ora doveva subire la concorrenza
dei tanti altri scali di cui era ricca l'Italia. E di conseguenza, il suo impoverimento, unito alla svalutazione post-
bellica e alla fuga dei capitali stranieri, aveva comportato
un notevole abbassamento del tenore di vita dei cittadini.
La bella città, ricca e cosmopolita, che col suo fascino
aveva richiamato artisti e visitatori dall'intera Europa, si
era rapidamente trasformata in una qualunque città di
provincia italiana.

Nel frattempo, a colmare i vuoti lasciati aperti dall'eso-do volontario di cui si è detto, avevano provveduto inade-guatamente migliaia di famiglie provenienti dall'Italia meridionale le quali, dopo che gli Stati Uniti avevano chiuso le loro frontiere all'emigrazione, cercavano in que-ste regioni migliori condizioni di vita.

La trasformazione etnica della popolazione giuliana ri-sultava già evidente alle elezioni del 15 maggio del 1921, nelle quali gli slavi conquistarono soltanto cinque seggi dei quindici assegnati complessivamente alla Venezia Giulia. Da un successivo censimento risultava infine che gli italiani residenti avevano raggiunto il 58 per cento e gli slavi il 39 per cento.

Censimenti ed elezioni non bastano tuttavia a fornire un quadro esatto della situazione. Gli uni e le altre, com'e-ra già accaduto sotto l'amministrazione asburgica, si pre-stavano infatti a manipolazioni e strumentalizzazioni. È certo, per esempio, che soprattutto nei centri industriali anche gli operai slavi votavano per i partiti di sinistra ita-liani. Mentre ai censimenti molti giuliani, giocando sul proprio cognome o sulla lingua d'uso, potevano di volta in volta, per opportunismo, dichiararsi a loro piacimento italiani o slavi.

Nel 1922, con l'avvento del fascismo e la conseguente persecuzione dei partiti di sinistra, il quadro si fece ancora più complesso. I *fascisti di confine* si rivelarono subito più aggressivi dei camerati metropolitani sia per la loro vo-lontà sopraffattrice e sia perché contrastati e spesso provo-cati dai nazionalisti croati e sloveni anch'essi animati dagli stessi sentimenti. Gli incidenti e gli scontri furono numero-si e neanche il pugno di ferro usato dal regime riuscirà a normalizzare la situazione. Accadde infatti che molti slavi decisi a non farsi italianizzare abbracciarono la fede comu-nista pur non essendo tali, per la semplice ragione che, in quel momento, la dottrina internazionalista predicata da Lenin faceva usbergo al loro nazionalismo frustrato. Una contraddizione che deflagherà nel secondo conflitto.

Il governo di Mussolini si presentò nella Venezia Giulia con due volti ben distinti. Sul piano economico diede il via a importanti bonifiche, che resero fiorenti le campagne un tempo flagellate dalla malaria, e a grandi opere pubbliche che trasformarono l'economia cittadina eliminando la disoccupazione e favorirono l'afflusso di mano d'opera meridionale. Fabbriche operose, acquedotti monumentali, sfruttamento delle miniere di carbone e di bauxite, centrali idroelettriche, potenziamento dei cantieri navali di Trieste, Pola, Fiume e Zara, nuove strade e nuove ferrovie migliorarono notevolmente il tenore di vita della popolazione senza discriminazioni di sorta. Ma sul piano politico la situazione era assai diversa.

«Quando l'etnia non va d'accordo con la geografia» aveva dichiarato Mussolini prima di affrontare il problema adriatico «è l'etnia che deve muoversi». Parole brutali ma chiare, che riassumevano le sue intenzioni. Già pochi giorni dopo la sua nomina a capo del governo, il 7 novembre del 1922, egli aveva infatti firmato un decreto che sopprimeva i Commissariati delle Nuove Province, accusati di essere troppo accomodanti con la popolazione slava. Successivamente aveva creato le province di Trieste e di Pola affidandole a prefetti in linea col regime ed aveva inserito tutto il Goriziano nella provincia di Udine «per sommergere i numerosi slavi nel *mare magnum* dei friulani». Nel 1923, con l'attuazione della riforma scolastica di Giovanni Gentile, furono chiuse tutte le scuole slave mentre nelle altre fu imposto come *fondamentale ed esclusivo* lo studio della lingua italiana. I maestri slavi furono licenziati con vari pretesti e anche ai parroci slavi fu vietato l'insegnamento della loro lingua e l'uso dello slavo o dello *schiavetto* nelle celebrazioni liturgiche. Furono soppressi tutti i periodici slavi della regione e perentoriamente abolito l'uso della lingua slava negli uffici pubblici e nei tribunali.

Nel 1926, dopo la reintroduzione nella legislazione italiana della pena di morte, anche a Trieste fu istituito il Tribunale speciale per la difesa dello Stato, uno strumento creato appositamente dal regime per paralizzare ogni forma di opposizione politica. Fra il 1926 e il 1943, questo Tribunale pronunciò a Trieste duecento sentenze a carico di nazionalisti sloveni e croati distribuendo più di duemila anni di carcere o di confino, oltre a una decina di condanne a morte regolarmente eseguite.

I cognomi proibiti

La campagna per l'italianizzazione della Venezia Giulia assunse in breve tempo aspetti paradossali. Imposto ufficialmente l'uso della lingua italiana nelle scuole e negli uffici governativi, l'uso dello slavo diventò rischioso anche nelle conversazioni. Cartelli con la scritta «Qui si parla italiano» apparvero nei negozi e nei locali pubblici e fu persino proibito ai gruppi corali slavi di cantare nelle feste le loro canzoni. Il culmine del paradosso fu raggiunto nel 1927 quando venne imposta anche l'italianizzazione dei nomi dei paesi e dei cognomi di famiglia. L'operazione risultò piuttosto complessa e mise a dura prova i funzionari incaricati di eseguirla. Infatti, se per i centri abitati già si disponeva di una denominazione bilingue (Pola = Pula, Fiume = Rijeka, Parenzo = Porek, Capodistria = Koper, ecc.), i cognomi slavi dovevano essere tradotti in italiano ora cancellando la classica finale in «ch» o in «ć», ora modificandoli arbitrariamente per renderli più facilmente pronunciabili nella nostra lingua. Ma ecco, per fare un esempio, un brano dell'ordinanza del prefetto di Pola indirizzata agli uffici anagrafici dei comuni e alla direzione delle scuole: «Per togliere gli storpiamenti di cognomi perpetrati dai politicanti slavi negli ultimi decenni, ho disposto che i cognomi degli abitanti di questo Comune vengano scritti come qui sotto elencati». Seguiva un lunghissimo elenco di cognomi slavi liberamente ridotti in italiano: Andretich = Andretti, Burich = Bubbi, Pulich = Pulli, Volcić = Volci, Vidalich = Vidali e così via. Fra le *vit-*

time di questa paradossale epurazione figurano anche molti nomi illustri che poi hanno preferito mantenere la versione italiana, come quello del senatore a vita Leo Valiani che, nel 1927, quando era un giovane studente di Fiume, si chiamava Leo Weiczen. Ma va aggiunto, per correttezza, che molti autorevoli casati poterono conservare senza problemi i loro cognomi originari, come Cosulich, Suvić, Bisiach, Illić ecc.

Questa politica intollerante, discriminatoria e, sotto certi aspetti, razzista adottata dal governo di Roma non mancò naturalmente di provocare la reazione degli slavi. Che non tardò a manifestarsi anche in maniera violenta. Collegate e aiutate dai vari gruppi di nazionalisti slavi e croati che già operavano clandestinamente in Jugoslavia, sorsero rapidamente, nelle zone dove più forte era la presenza slava, delle società segrete che, in varie occasioni, organizzarono attentati, imboscate e vere e proprie azioni di guerriglia. L'attività degli irredentisti slavi non era tuttavia unitaria poiché i suoi protagonisti risentivano degli odi e dei rancori che hanno sempre diviso, e continuano a dividere, le varie etnie. E ciò facilitava, naturalmente, l'opera delle nostre forze di polizia le quali non riusciranno comunque a venirne a capo malgrado i numerosi arresti, le deportazioni e le fucilazioni. In seguito, grazie anche all'apporto del Partito comunista italiano, già molto diffuso clandestinamente nella regione, i vari gruppi si uniranno in un fronte popolare che confluirà nella Resistenza jugoslava durante la seconda guerra mondiale.

Botta e risposta fra Roma e Belgrado

I rapporti diplomatici fra Italia e Jugoslavia, negli anni che intercorrono fra le due guerre, sono caratterizzati da una continua e vivace conflittualità che alterna periodi di bonaccia a momenti di autentica guerra fredda. La causa principale degli attriti era naturalmente rappresentata dal problema delle reciproche minoranze: quella slava in Italia e quella italiana in Dalmazia. Il governo di Belgrado infatti non era certo più tenero nei confronti dei suoi cittadini di lingua italiana di quanto non lo fosse quello italiano con la minoranza slava. Anzi, in taluni casi, le misure antislave applicate nella Venezia Giulia possono essere considerate delle semplici *risposte* a misure uguali e contrarie messe in atto in Dalmazia. La soppressione dell'insegnamento dello slavo nelle scuole giuliane fu, per esempio, la conseguenza di un analogo provvedimento disposto nelle scuole dalmate dalle autorità jugoslave.

Ma dietro queste diatribe di carattere locale, altri motivi di più alto spessore contribuivano a mantenere in perenne stato di fibrillazione i rapporti fra i due paesi confinanti. In quegli anni, l'Italia ambiva apertamente ad estendere la propria influenza su tutta la regione balcanica e a favorire lo sviluppo di quei movimenti che avevano preso a modello il fascismo italiano. L'alleanza con l'Ungheria, retta dal governo dittatoriale dell'ammiraglio Horthy, il matrimonio di Giovanna di Savoia con re Boris di Bulgaria, come gli aiuti economici alle «Guardie di Ferro» di Codreanu e Antonescu in Romania, nonché il «protettorato» concesso all'Albania rientravano in questo ambizioso progetto mussoliniano.

L'unica a resistere alle lusinghe di Roma era la nuova Jugoslavia. Stato giovanissimo, formato a tavolino da Francia e Inghilterra dopo la fine della prima guerra mondiale, il *Regno dei Serbi, Croati e Sloveni* (come era ufficialmente definito per non urtare la suscettibilità delle sue maggiori etnie) doveva d'altronde la sua nascita a un disegno franco-inglese teso appunto a contenere la volontà espansionistica italiana. La sua creazione era il frutto di complesse trattative e di compromessi non sempre logici dai quali era sortito uno Stato-mosaico che riuniva, sotto la corona del re di Serbia Alessandro I Karagjeorgjević, varie regioni di cultura e di lingua diverse provenienti dalle rovine dell'impero asburgico e di quello ottomano. In tutto 12 milioni di sudditi appartenenti a ceppi ostili fra

loro (serbi, croati, sloveni, bosniaci, macedoni, montenegrini, dalmati, morlacchi, kosovari, oltre alle minoranze
italiane, austriache e magiare) che non erano uniti neppure dalla fede religiosa essendo in parte cattolici, in parte
ortodossi e in parte musulmani.

La situazione interna jugoslava era dunque molto diversa da quelle delle altre nazioni balcaniche: le gelosie
fra serbi, sloveni e croati, unite alle vocazioni indipenden-
tiste di tutte quante le nazionalità che la componevano,
rendevano questo Stato fragilissimo e particolarmente
sensibile alle pressioni esterne. Mussolini fu il primo che
cercò di approfittarne.

«Tutti serbi e dappertutto»

Serbi e croati sono sempre stati divisi da un odio atavi-
co che ha fatto letteralmente scorrere fiumi di sangue. Soltanto il Maresciallo Tito (che era croato, ma nascondeva
opportunamente le proprie origini) riuscirà a farli convi-
vere insieme per alcuni decenni, ma grazie a un pugno di
ferro che non consentiva cedimenti. Scomparso Tito, come
sappiamo, tutto è tornato come prima. Re Alessandro I,
che era serbo e non lo nascondeva, non era invece in grado di usare la forza contro i sudditi croati che lo avevano
accettato di malavoglia e che continuavano a sognare la
creazione di uno Stato indipendente. Di conseguenza,
malgrado le ampie autonomie concesse dal governo centrale, i croati mal sopportavano l'invadenza e l'arroganza
dei burocrati serbi che si erano impadroniti dell'amministrazione del regno. Le frizioni erano continue e in tutta la
Croazia pullulavano società segrete che si richiamavano
ad un motto allora famoso: «Dio in cielo, nella nostra Patria soltanto croati e soltanto i croati possono regnare in
Croazia!». Da parte loro, i serbi avevano un motto nel
quale, come in quello precedente, già si possono individuare i prodromi di quella «pulizia etnica» che insangui-
nerà la Jugoslavia. Esso diceva: «Il cielo serbo è di colore

blu. Nel cielo troneggia un Dio serbo accanto al quale siedono degli angeli serbi che onorano il loro Dio serbo. Tutti serbi e dappertutto!». Parole pesanti come pietre, tanto più che sia da una parte che dall'altra tutti erano determinati a rispettarle.

L'uccisione di Alessandro I

La convivenza fra le due turbolente etnie non era sopravvissuta a lungo. Dopo una lunga serie di screzi la tragedia era esplosa, nel 1928, in Parlamento dove i deputati serbi e croati avevano ingaggiato una violenta sparatoria che aveva lasciato sul campo tre parlamentari croati morti e una decina di feriti. Dopo questo episodio, la fazione serba aveva imposto al sovrano l'abolizione del Parlamento e i militari, sempre serbi, si erano impadroniti del potere.

La risposta croata, naturalmente, non si fece attendere. Nacque in quell'occasione una organizzazione clandestina terroristica e di ispirazione fascista che mirava a rendere indipendente la Croazia e ad allargare i suoi confini, oltre Trieste, fino all'Isonzo e al Tagliamento. Capo di questo movimento, chiamato degli ustascia, ossia dei ribelli, era un ex maestro di scuola di nome Ante Pavelić, un uomo politico fanatico e spregiudicato che non esitò un istante ad accettare l'aiuto interessato di Mussolini. Messe da parte, ma solo per il momento, le sue mire sulla Venezia Giulia, Pavelić saprà sfruttare abilmente la protezione italiana.

Mussolini, d'altra parte, aveva le sue ragioni per favorire le forze centrifughe che si agitavano all'interno della Jugoslavia, il cui governo, nel frattempo, si era molto avvicinato alla Francia. Egli aveva già alimentato gli indipendentisti macedoni, fornendo loro la somma di 44 milioni di lire dell'epoca, ma con Pavelić (il quale, per ingraziarsi il protettore, aveva assunto il nome di *Poglavnik*, equivalente di *Duce* in croato) si rivelò molto più generoso. Oltre agli aiuti finanziari, fu infatti consentito agli ustascia di organizzare dei campi di raccolta in varie località dell'Italia: a Borgotaro sulla Cisa, a San Demetrio in provincia dell'Aquila e in una zona boschiva dell'Aretino. Pavelić, con la moglie e tre figli, si stabilì invece a Bologna. Altre basi ustascia sorsero in seguito in Germania e Ungheria.

Dai campi italiani, dove gli ustascia si addestravano all'uso delle armi, partirono in quegli anni molte spedizioni incaricate di compiere atti terroristici. L'azione più clamorosa fu l'attentato di Marsiglia del 1934 culminato con l'uccisione di re Alessandro I, appena giunto in visita di stato in Francia, e del ministro degli Esteri francese Jean-Luis Barthou che era andato a riceverlo.

Il duplice omicidio colmò di raccapriccio l'Europa e subito corsero insistenti voci di accusa contro Mussolini che Belgrado, da parte sua, non esitò ad indicare come mandante. Per la verità non esistono prove circa la connivenza italiana per quel particolare episodio e neanche si intravedono i motivi che avrebbero potuto in qualche modo giustificarla. Secondo lo storico Renzo De Felice è invece assai più verosimile un coinvolgimento tedesco o ungherese i cui governi mantenevano stretti rapporti con gli ustascia. Resta tuttavia il fatto che gli attentatori provenivano dall'Italia e che a Roma l'OVRA, la polizia segreta fascista, aveva addirittura creato un «Ufficio Croazia» incaricato di sovvenzionare l'attività dei terroristi. Ante Pavelić, arrestato pro forma a Bologna, non fu mai consegnato agli jugoslavi che ne chiedevano l'estradizione dopo averlo condannato a morte in contumacia.

Contrariamente alle aspettative dei terroristi croati, l'assassinio di Alessandro non provocò la dissoluzione dello Stato jugoslavo, anzi aggravò il già pesante contenzioso che divideva Belgrado da Roma e favorì la fazione serba. La morte prematura del sovrano aveva creato un vuoto istituzionale in quanto il giovane principe ereditario, Pietro II, non aveva ancora raggiunto la maggiore età e di ciò approfittarono i militari serbi per costituire un

Consiglio di reggenza alla guida del quale fu chiamato il principe Paolo, fratello del sovrano defunto. Il nuovo governo impose al paese una dittatura di destra, mise subito fuorilegge il partito comunista, ma resistette alle lusinghe e alle soffocanti pressioni dell'Italia fascista e della Germania nazista che cercavano di attrarlo nella loro orbita. Ostentando sentimenti filobritannici, il reggente Paolo cercò infatti di riguadagnare la fiducia delle potenze occidentali e non esitò a schierarsi al fianco dell'Inghilterra e della Francia quando, in occasione della guerra d'Etiopia, la Società delle Nazioni, da esse controllata, impose le sanzioni economiche all'Italia.

Belgrado rinnega il Patto Tripartito

Quando nel settembre del 1939, dopo l'aggressione tedesca alla Polonia, aveva avuto inizio la seconda guerra mondiale, la penisola balcanica – tranne la neutrale Jugoslavia e la Grecia, tradizionalmente legata all'Inghilterra – orbitava nella sfera di influenza italo-germanica. Qualche tempo prima, infatti, l'Italia si era impossessata dell'Albania con un rapido colpo di mano, mentre Ungheria, Romania e Bulgaria, da tempo allineate con Berlino, ora si accingevano a firmare il Patto Tripartito che le avrebbe definitivamente coinvolte nel conflitto. Questo patto, stipulato nel settembre del 1940 dalle tre potenze dell'Asse (Germania, Italia e Giappone), imponeva ai paesi che vi aderivano il rigoroso rispetto di tutti i postulati, compresa la libertà di accesso delle truppe dell'Asse nei propri territori. Gli obiettivi di questo patto risultavano di una chiarezza estrema già dai due primi capitoli. Eccoli:

Capitolo primo: Il Giappone riconosce e rispetta la guida della Germania e dell'Italia nella creazione di un Nuovo Ordine in Europa.

Capitolo secondo: La Germania e l'Italia riconoscono e rispettano la guida del Giappone nella creazione di un Nuovo Ordine nella Grande Asia Orientale.

Come appare evidente, l'adesione a questo patto da parte di un paese terzo significava l'accettazione supina del rango di satellite dell'Asse e, tuttavia, gli emissari di Berlino non avevano dovuto faticare molto per indurre, con lusinghe o con minacce, i governi di Budapest, di Bucarest e di Sofia ad accettare il *diktat*. Solo Belgrado si era ostinatamente trincerata sulla sua scelta neutrale.

Durante il primo anno di guerra, anche se a Roma e Berlino non erano un mistero le simpatie filobritanniche del reggente Paolo, il governo jugoslavo era stato lasciato libero di occuparsi dei suoi conflitti interni che si andavano sempre più complicando. D'altra parte, in quel momento, nel pensiero strategico di Hitler i Balcani assumevano un'importanza secondaria. Il Führer condivideva ancora l'opinione di Bismarck secondo il quale «i Balcani non valevano le ossa di un solo granatiere della Pomerania» e giudicava quelle regioni utili per l'approvvigionamento delle derrate alimentari e, soprattutto, per i pozzi petroliferi rumeni, unica fonte energetica a disposizione del Reich. Soltanto più tardi, quando nel massimo segreto lo Stato Maggiore germanico mise allo studio l'«Operazione Barbarossa» contro l'Unione Sovietica, diventerà indispensabile per Berlino garantirsi le spalle assicurandosi il dominio dell'intera regione.

Frattanto, nell'autunno del 1940, la situazione balcanica si era deteriorata a causa dell'avventata aggressione alla Grecia da parte dell'Italia. Come è noto, questo colpo di testa mussoliniano aveva molto irritato Hitler e stupito gli osservatori internazionali. Quella guerra infatti non aveva senso: la Grecia non rappresentava un pericolo nello scacchiere mediterraneo e, per giunta, era governata da un regime parafascista. L'aggressione era stata suggerita a Mussolini dalla speranza di ottenere una facile vittoria capace di risollevare il morale dell'opinione pubblica afflitta dal pessimo andamento delle operazioni militari sugli altri fronti. Il suo ministro degli Esteri, Galeazzo Ciano, principale artefice dell'impresa, gli aveva garantito che la sua unica preoccupazione era di avere «sufficiente carburante per giungere in ventiquattro ore a Salonicco». Invece, come sappiamo, tutto era andato a rovescio: il *blitz* era fallito, i greci avevano reagito eroicamente spingendosi addirittura in territorio albanese e ora gli italiani attendevano che arrivassero i tedeschi a toglierli dall'impaccio.

Nel febbraio del 1941, mentre la Wehrmacht ammassava divisioni su divisioni in Ungheria, Romania e Bulgaria, a Belgrado si vissero lunghe giornate di angoscia. Gli jugoslavi ignoravano che quelle truppe erano destinate all'«Operazione Barbarossa» e, di conseguenza, temevano che la resa dei conti con la Germania si stesse avvicinando. In quei giorni frenetici si svilupparono intrighi e complotti mentre il reggente Paolo trattava segretamente con gli emissari tedeschi e con gli emissari britannici senza riuscire a trovare una soluzione. I primi minacciavano brutalmente di mettere la Jugoslavia a ferro e fuoco se non avesse aderito al Patto Tripartito, i secondi lo incoraggiavano a resistere al *diktat* nazista largheggiando in promesse (fra le quali, come si scoprirà in seguito, figurava anche la Venezia Giulia... che Tito poi rivendicherà mettendo in imbarazzo il governo di Londra).

Dopo una serie di drammatici scontri con gli inviati di Berlino e con lo stesso Hitler, alla fine il reggente Paolo si arrese. Il 25 marzo del 1941 egli firmò il Patto a Vienna nel corso di un incontro con il Führer cui fu dato un grande risalto. La radiocronaca in diretta della cerimonia fu diffusa in tutta l'Europa e vennero particolarmente sottolineate alcune correzioni favorevoli alla Jugoslavia, che erano state apportate al testo originale del patto. Una di queste garantiva che le potenze dell'Asse avrebbero rispettato «in ogni momento la sovranità e l'integrità territoriale del paese». Un'altra assicurava che «la Jugoslavia non sarà coinvolta in questa guerra e non gli sarà chiesto di consentire il passaggio delle truppe dell'Asse nel suo territorio».

Malgrado le concessioni accattivanti, l'avvenimento, salutato con entusiasmo in Croazia, fu violentemente conte-

stato in Serbia. Con la caparbietà e l'orgogliosa avventatez-
za che ha sempre caratterizzato questo popolo, i serbi si ribellarono all'imposizione nazista, il Consiglio di reggenza
sconfessò il principe Paolo (che al suo ritorno fu deposto e
arrestato) e l'esercito si schierò con i ribelli. Il giorno seguente, quando il capo del governo Dušan Simović denun-
ciò ufficialmente il Patto Tripartito, l'entusiasmo popolare
traboccò dappertutto. D'incanto, le finestre di Belgrado si
ricoprirono di bandiere inglesi e francesi, la folla danzò per
le strade e dovunque si udiva cantare l'inno nazionale serbo: *Meglio la guerra, meglio la morte che la schiavitù...*

Il 28 marzo venne organizzata una solenne cerimonia
nella cattedrale ortodossa della capitale. Le navate bruli-
cavano di gente eccitata. Tutti invocavano a gran voce il
nuovo re, Pietro II. In quel momento il principe ereditario,
che avrebbe compiuto diciotto anni solo fra sei mesi, era
trattenuto a palazzo dai suoi tutori. Egli riuscì tuttavia a
sfuggire alla loro vigilanza e raggiunse il tempio dopo essersi calato in strada lungo una grondaia. Grazie a un decreto speciale deciso seduta stante dal governo, il giovane
principe fu proclamato re con sei mesi d'anticipo. La sua
consacrazione fu trionfale e commovente.

L'eco degli avvenimenti belgradesi suscitò grande impressione. Era la prima volta che un piccolo paese osava
ribellarsi all'arroganza nazista. A Londra, Winston Churchill giurò eterna gratitudine agli eroici jugoslavi. Negli
Stati Uniti, il «New York Times» definì il colpo di Stato di
Belgrado «un lampo che illumina le tenebre».

A Berlino, naturalmente, si registrò una reazione ugua-
le e contraria. Hitler ebbe «uno dei più violenti accessi di
rabbia di tutta la sua vita». Convocò immediatamente i
capi militari e, battendo con ira i pugni sul tavolo, ordinò
di distruggere la Jugoslavia «militarmente e politicamente
senza sondaggi diplomatici, senza ultimatum e senza attendere dichiarazioni di lealismo da parte del nuovo governo». Si preparasse quindi senza indugio un piano per
l'invasione della Jugoslavia e anche della Grecia. Sebbene

colto alla sprovvista, Hitler manifestò chiaramente la sua intenzione di cancellare la Jugoslavia dalla carta geografica smembrando i territori a beneficio di paesi confinanti che da tempo anelavano a spartirsene le spoglie. Successivamente, dettò un lungo telegramma per Mussolini nel quale, dopo avergli rivelato le sue intenzioni, lo invitava a muoversi per azzannare a sua volta la Jugoslavia.

Quella notte, molti generali tedeschi la trascorsero in bianco, ma alle quattro del mattino il generale Alfred Jodl, capo dell'ufficio operazioni della Wehrmacht, era già in grado di consegnare al generale Enno von Rintelen, ufficiale di collegamento fra il comando supremo germanico e quello italiano, le istruzioni per l'alleato affinché si procedesse «con estrema urgenza» a coordinare le operazioni germaniche con quelle delle forze italiane che combattevano in Grecia. Per riguardo, i tedeschi non rivelarono agli italiani i veri motivi di questa urgenza, in effetti essi erano preoccupati dalla prospettiva che l'esercito jugoslavo in ritirata potesse sconfinare in Albania e travolgere le nostre truppe impegnate sul fronte greco.

Blitz aereo contro Belgrado

L'«Operazione Castigo», come venne definita in codice, iniziò all'alba del 6 aprile 1941 con un violento attacco aereo su Belgrado. Per ventiquattro ore di seguito stormi di «Stuka» si accanirono contro la città indifesa radendola praticamente al suolo. Le truppe germaniche schierate lungo le frontiere rimasero ferme sulle proprie posizioni in attesa di procedere successivamente all'occupazione del paese. L'Alto comando germanico era infatti convinto che il bombardamento terroristico avrebbe immediatamente indotto il governo a chiedere la resa. Invece, gli jugoslavi non si smentirono neanche questa volta e resistettero impavidi sotto quella valanga di fuoco.

All'alba del 9 aprile, quando fu chiaro che il governo jugoslavo non intendeva cedere, la grande invasione ebbe inizio lungo tutta la linea di confine. Le divisioni corazzate tedesche si mossero dall'Austria, dall'Ungheria, dalla Romania e dalla Bulgaria puntando direttamente su Belgrado. Contemporaneamente, gli ungheresi riconquistarono senza combattere i loro antichi territori, mentre la 2ª Armata italiana, comandata dal generale Vittorio Ambrosio, muovendo dalla Venezia Giulia conquistava rapidamente Lubiana, Karlovac e quindi proseguiva lungo la costa adriatica fino a congiungersi a Ragusa con le truppe italiane che risalivano dall'Albania. Quattro giorni dopo tutto era finito: l'esercito jugoslavo non esisteva più. Il giorno prima il giovane re Pietro ed il suo governo erano riusciti a raggiungere la Grecia da dove, sotto la protezione inglese, saranno poi trasferiti in Palestina.

Al *blitz* jugoslavo seguiva pochi giorni dopo il *blitz* contro la Grecia. Senza riprendere fiato, infatti, i tedeschi si avventarono nel territorio ellenico, dove gli italiani erano da mesi in difficoltà, e il 28 di aprile la bandiera con la svastica sventolava sul Partenone accanto al tricolore italiano. La campagna balcanica era terminata. Le forze dell'Asse ora dominavano l'Europa dal Baltico all'Egeo.

Resta tuttavia da sottolineare che questa diversione strategica, imposta a Hitler dall'ostinazione jugoslava e dalla resistenza greca, avrà fatali ripercussioni nel corso del conflitto. In primo luogo, l'operazione nei Balcani ritardò di quattro settimane l'inizio dell'«Operazione Barbarossa» con conseguenze fatali per l'esercito tedesco. In secondo luogo, per la fretta di accorrere in Grecia, i comandi germanici avevano trascurato di disarmare gli jugoslavi considerando il loro esercito ormai allo sbando. Invece quegli uomini, con quelle armi, daranno vita a un'epopea partigiana unica in Europa.

La spartizione della torta

Cancellata la Jugoslavia dalla carta geografica, una serie di linee tracciate a matita dai cartografi decise la sorte dei suoi territori sulla base del «Nuovo Ordine» europeo. La Germania ebbe naturalmente la parte del leone: incorporò nel Reich la metà settentrionale della Slovenia, assunse il controllo militare della Vojvodina e fece altrettanto con la Serbia affiancando funzionari tedeschi al governo fantoccio del generale collaborazionista Milan Nedić. L'altra metà della Slovenia fu invece incorporata nello Stato italiano, Lubiana diventò a tutti gli effetti una provincia italiana, con relativa targa automobilistica e gli sloveni italianizzati furono sottoposti alla chiamata alle armi, ai contributi fiscali e a tutte le altre conseguenze che comportava quella non desiderata cittadinanza. Diventarono italiane a tutti gli effetti anche Sebenico, Ragusa, Cattaro e Spalato insieme a tutto il litorale dalmata, le isole e la regione della Carniola. La regione del Kosovo e una fetta della Macedonia andarono invece ad ingrandire i confini del regno di Albania (la cui corona già apparteneva a Vittorio Emanuele III). L'intero Banato fu assorbito dalla Romania, la regione di Baka dall'Ungheria, mentre il resto della Macedonia andò ad aumentare il territorio della Bulgaria.

Soltanto la Croazia, grazie all'azione di Ante Pavelić e dei suoi ustascia, godette di un trattamento privilegiato: fu trasformata in uno Stato croato indipendente che comprendeva, oltre all'intera Croazia, anche la Bosnia, l'Erzegovina e una parte della Dalmazia. La corona del nuovo regno fu offerta a un principe di Casa Savoia. Tutto il potere restava comunque nelle mani di Pavelić che obbedirà di fatto ora agli italiani, ora ai tedeschi secondo il variare dei rapporti di forza.

Restava il Montenegro. Questa regione povera e montuosa non rivestiva particolari interessi strategici, ma era il paese natale di Elena, la regina d'Italia. La sua sorte, di conseguenza, non poteva non interessare Casa Savoia. Per la verità, fino a quel momento Vittorio Emanuele non si era mostrato entusiasta per l'acquisizione di quei nuovi territori. Diffidava degli slavi e prevedeva solo complicazioni. Scrive infatti nel suo diario Galeazzo Ciano a proposito dei primi dissidi scoppiati con Zagabria per la spartizione della Dalmazia: «Il Re è d'avviso che quanto meno Dalmazia si prende tanto meno noie avremo. *Se non fosse per certi sia pure spiegabili sentimentalismi* – ha detto – *io sarei favorevole a cedere ai croati persino Zara*». Ma, pressato dalla consorte, Vittorio Emanuele fece a sua volta pressione su Ciano e Mussolini affinché venisse ricostituito il regno del Montenegro affidandone la corona al principe Michele, figlio di Danilo Petrović, fratello di Elena. A questo proposito, il ministro degli Esteri italiano Galeazzo Ciano annota ancora nel suo diario: «Il Re insiste per la restaurazione monarchica. Io temo che ciò creerà dei fastidi, ma il Duce ha già aderito e io non voglio fare il guastafeste. Il re del Montenegro sarà un nipote della Regina, un giovane che il Duce definisce *figlio di pochi e poveri genitori*. Vive in Germania, a Lobau, nell'oscurità e nella fame o quasi».

In seguito, Michele non diventò re perché i monarchici montenegrini si ribellarono di fronte a questa eventualità e insistettero invece per avere la stessa Elena come sovrana. Ma questa proposta, benché appoggiata da Ciano, trovò Vittorio Emanuele dubbioso e recalcitrante. Così non se ne fece nulla e il Montenegro rimase senza re.

Già all'inizio dell'estate del 1941 il nuovo assetto dell'ex Jugoslavia deciso dalle forze dell'Asse incontrava le prime difficoltà. Dovunque, ma soprattutto nelle zone controllate dagli italiani, si registrarono i primi fuochi di resistenza. Gruppi di partigiani, di etnia diversa e di diverso colore politico, senza neppure essere collegati fra di loro (anzi, molto spesso ostili gli uni agli altri), cominciarono a farsi vivi con atti di sabotaggio e sanguinose azioni di guerriglia. Il primo a muoversi fu proprio il Montenegro.

Come racconta Giacomo Scotti, all'inizio le forze d'occupazione italiane avevano trovato appoggio presso i vecchi separatisti che avevano proclamato la rinascita del Regno del Montenegro sotto la protezione italiana. Poi,

mentre a Roma e a Cettigne si stava ancora discutendo di
chi mettere sul trono, il 13 luglio era scoppiata l'insurrezione generale e, nel giro di poche settimane, le truppe
italiane erano state costrette a ripiegare nei loro capisaldi
di Cettigne, Niksic e Podgorica. Scriveva Ciano nel suo
diario: «14 luglio. Disordini in Montenegro. Sparatoria di
bande. La capitale è isolata. Abbiamo inviato forze dal-
l'Albania». E ancora tre giorni dopo: «La sollevazione
montenegrina sta prendendo proporzioni sempre maggiori. Se non avesse un profondo amaro significato, sarebbe grottesco: è in atto la guerra fra l'Italia e il Montenegro!
Speriamo che i nostri militari arrivino a risolverla senza
dover chiedere l'intervento tedesco...». E si era soltanto al-
l'inizio.

Gli ustascia si scatenano contro serbi ed ebrei

Già il 6 aprile del 1941, quando aveva avuto inizio
l'«Operazione Castigo», i croati erano insorti contro l'o-
diato governo serbo e favorito l'avanzata delle truppe italiane e tedesche, accolte e salutate come truppe liberatrici.
Poi era cominciata la mattanza, così come accadeva da secoli ogni qualvolta una delle due maggiori etnie slave
prendeva il sopravvento sull'altra. La cosiddetta «pulizia
etnica» non è infatti una tragica novità dei nostri giorni,
bensì una costante sempre presente nei rapporti conflit-
tuali fra le varie stirpi del mosaico jugoslavo.

L'abisso di odio che divideva i croati dai serbi era antico e profondo. Solo la lingua parlata accomunava i due
popoli, mentre già la lingua scritta (l'una latina, l'altra ci-
rillica) e ancor più la religione (cattolici i primi, ortodossi i
secondi), la storia, la cultura, le tradizioni rispettive erano
del tutto antitetiche. Al termine della prima guerra mondiale, quando sui tavoli di Versailles si disegnavano i confini del nuovo Stato degli slavi del Sud, i croati avevano
fatto di tutto per non essere incorporati nell'artificiosa costruzione politica. Fino al punto di progettare piani insur-

rezionali con Gabriele D'Annunzio dopo l'impresa fiumana e la costituzione della Reggenza del Carnaro. In seguito, la prevaricazione dei serbi sui croati era stata, fra le due guerre, così pesante ed oltraggiosa che ora non c'era da stupirsi se, appena avutane la possibilità, gli ustascia avevano iniziato aspramente a vendicarsene. Anche se, come vedremo, era umanamente impossibile immaginare gli eccessi che sarebbero stati raggiunti.

Riconosciuta da Hitler come *Lebensraum*, spazio vitale italiano, la Croazia, sotto la guida del Poglavnik Ante Pavelić, aveva dunque offerto la corona a Casa Savoia. La scelta del sovrano non era stata facile. Nessuno della nostra famiglia reale, per la verità, vi ambiva: i rischi infatti erano più che evidenti. Per giunta, il governo ustascia aveva emanato un decreto che vanificava completamente la funzione della monarchia riducendola semplicemente ad un comodo espediente, come ebbe a riconoscere lo stesso Pavelić.

Tuttavia il problema andava risolto, se non altro per non deludere le aspettative del potente alleato germanico. Seguendo l'ordine dinastico, il re designato avrebbe dovuto essere il duca Amedeo d'Aosta che, in quel momento nella sua veste di Viceré d'Etiopia, era impegnato nella difesa dell'Impero minacciato dalle forze britanniche. Essendo impossibile farlo rientrare in patria, la scelta cadde sul suo fratello minore, Aimone duca di Spoleto, il quale tutto si sarebbe aspettato dalla vita fuorché di cingere la corona di zvonomiro e assumere il nome di Tomislao II.

Aimone era allora un brillante ufficiale di marina. Comandava il Dipartimento navale della Spezia ed era molto popolare in città e molto amato dai suoi collaboratori. Ai più fidati dei quali, quando apprese di essere stato incoronato re, confidò di considerare quella nomina un brutto scherzo del cugino Savoia. Accettò comunque l'incarico per senso del dovere, ma giurò ai suoi che non avrebbe mai messo piede a Zagabria, neppure per la cerimonia dell'incoronazione. Come puntualmente avvenne.

Mentre nel resto della Jugoslavia i tedeschi attuavano dure rappresaglie per liquidare i due principali movimenti di resistenza (quello ancora in embrione dei comunisti guidati da Tito e quello molto più consistente dei cetnici, ossia dei serbi monarchici guidati dal generale Draža Mihajlović), assai più duro fu il comportamento degli ustascia in Croazia. La «pulizia etnica» operata dai croati colpì indiscriminatamente serbi, musulmani ed ebrei compiendo stragi indescrivibili e trasformando in campi di sterminio i vari lager (in particolare quello famigerato di Jasenovac) che gli ustascia avevano rapidamente creato nel paese prendendo a modello quelli tedeschi.

Quante furono le vittime di questa atroce campagna di sterminio è impossibile dirlo. Secondo una valutazione della Chiesa serbo ortodossa, già nel primo anno della loro dominazione gli ustascia uccidevano *giornalmente* duemila serbi. Quasi tutti i villaggi della minoranza serba in Croazia furono incendiati e i loro abitanti estirpati. Secondo una valutazione calcolata da una commissione senatoriale americana, le vittime serbe furono da 300 a 500.000. Secondo il governo jugoslavo furono invece 700.000, ma non si precisa che molte di queste vittime serbe erano anche dovute all'azione dei partigiani di Tito.

Se gli ustascia erano certamente i più feroci, le altre componenti del variegato mondo jugoslavo non erano da meno. I partigiani comunisti di Tito, per esempio, trattavano i partigiani cetnici alla stessa stregua dei tedeschi e degli italiani tanto che, alla fine, li costringeranno ad allearsi con gli invasori. Da parte loro, i cetnici rendevano pan per focaccia. Uccidevano i croati senza distinzione e quando gli capitava l'occasione sterminavano sia le popolazioni croate che quelle musulmane della Bosnia. Insomma, una guerra di tutti contro tutti nella quale i più malcapitati erano gli ebrei e i musulmani sui quali si abbatteva con spietatezza la furia di tutti gli altri.

Le atrocità consumate in quegli anni sono orrende e inenarrabili. Un diplomatico italiano in visita al Poglavnik di Zagabria, raccontò di avere visto in una stanza un cesto colmo di brandelli sanguinolenti che lui scambiò per un groviglio di lumache. «Sono gli occhi strappati ai serbi» gli spiegò un accompagnatore. Nei pressi di Sarajevo, racconta Gian Nicola Amoretti, aiutante di campo di Aimone-Tomislao, gli ustascia avevano catturato dei cetnici laceri ed affamati. Fu offerta loro della carne, poi, dopo il pranzo, un ustascia entrò nella stanza e mostrò ai prigionieri la testa decapitata di un bambino. «Lo riconoscete?» chiese. «È mio figlio!» gridò inorridito uno dei prigionieri. E l'altro: «Ti è piaciuta la sua carne?».

I croati usavano gettare i cadaveri dei serbi uccisi nel fiume Sava il quale, affluendo nel Danubio, li portava verso Belgrado. Un giorno d'estate, a Belgrado, fu vista galleggiare sul Danubio una grande zattera sulla quale si notavano una coppia di sposi, un prete cattolico e una dozzina di convitati. Un grande cartello portava questa scritta: *Bračno Putovanje za Crno More* (Viaggio di nozze al Mar Nero). I soldati tedeschi che la ricuperarono scoprirono che i passeggeri, uccisi a coltellate, erano stati inchiodati alle assi. Non fu comunque possibile scoprire gli autori del crimine che certo rientrava nella spietata guerra etnica.

Anche se nei nuovi territori annessi allo Stato italiano le autorità fasciste avevano avviato il processo di snazionalizzazione già applicato in Istria (soppressione della stampa locale, dei circoli culturali e sportivi; italianizzazione dei cognomi e delle insegne; obbligo della lingua italiana, del saluto romano e tutte quelle altre misure liberticide che a suo tempo saranno pretesto di atroci e ingiustificate vendette contro gli italiani d'Istria e di Dalmazia), le autorità militari mantennero per quanto possibile un contegno corretto. Infatti, mentre i tedeschi incoraggiavano l'azione degli ustascia contro serbi, ebrei e musulmani, gli italiani non riuscivano a rimanere indifferenti di fronte alle loro atrocità. Ancora nel luglio del 1941, l'ambasciatore italiano a Zagabria, Antonio Casertano, informava Mussolini che si registravano continui incidenti fra italiani da una parte, tedeschi e ustascia dall'altra, «perché le nostre truppe danno evidenti e continue prove di simpatia nei confronti degli ebrei e dei serbi proteggendoli dalle accanite persecuzioni». Da parte sua, il generale Ambrosio, comandante della 2ª Armata, riferiva al comando supremo che «dal mese di giugno in poi la presenza delle truppe italiane è malvista soprattutto perché rappresentano uno scomodo testimone dei selvaggi massacri di cui si vergognano gli stessi croati onesti». È noto inoltre che nella Dalmazia italiana le nostre autorità davano ricetto e asilo ai profughi ebrei che vi si riversavano.

Il «sangue tedesco» diventa prezioso

L'evoluzione negativa degli avvenimenti bellici, sfavorevoli dovunque alle forze armate italiane, non mancò naturalmente di indebolire l'influenza di Roma sul governo croato. Favoriti da Ante Pavelić, sempre pronto a schierarsi col più forte, i tedeschi avevano nel frattempo intensificato la loro azione di penetrazione politica anche in Croazia. Come era già accaduto negli altri paesi dell'Europa orientale entrati nell'orbita del Terzo Reich, anche in Jugoslavia erano giunti gli «esperti» della VOMI (*Volksdeutsche Mittelstelle*), l'organizzazione creata da Alfred Rosenberg, il teorico del razzismo, per procedere «alla ricerca e al richiamo del sangue tedesco». Il compito di costoro consisteva nell'individuare i «puri ariani di origine germanica» mescolati nella popolazione locale, onde selezionarli e provvedere alla loro rigermanizzazione. Per raggiungere il loro scopo, gli «esperti» ricorrevano a complicate quanto cervellotiche elucubrazioni: esame dell'albero genealogico fino al 1785, studio delle correnti di emigrazione, aspetto fisico, misurazioni antropometriche e così via. Capitava in tal modo a ignari contadini analfabeti e all'oscuro del proprio passato, di ritrovarsi catalogati fra i *Volksdeutsche*, gli oriundi tedeschi, con i vantaggi e gli svantaggi che comportava l'appartenenza a questa categoria.

Incoraggiati da Ante Pavelić che rivendicava per il suo popolo un'«origine runica», gli «esperti» del VOMI raccolsero in Croazia una messe copiosa di *Volksdeutsche* e ciò consentì all'amministrazione germanica di infiltrarsi nei gangli vitali del paese malgrado la sua appartenenza al *Lebensraum* italiano. Per gli ustascia d'altronde, che mai avevano amato gli italiani, diventare dei *quasi tedeschi* era considerato un onore. Essi ottennero di aggiungere al giuramento di fedeltà al Poglavnik anche quello di fedeltà al Führer e di appuntare sull'uniforme uno speciale distintivo con la croce uncinata.

Protetti dai tedeschi i *Volksdeutsche* croati aumentarono di numero a vista d'occhio e raggiunsero un'influenza politica tale da mettere in pericolo la sopravvivenza dello stesso Poglavnik che, per sua sfortuna, non aveva sangue germanico nelle vene. L'arrembaggio al gruppo etnico tedesco si placò quando Hitler, dopo la conquista dell'Ucraina, progettò di germanizzarla trasferendovi in massa i *Volksdeutsche* ricuperati nei Balcani. A questo punto, infatti, con la prospettiva dell'emigrazione forzata, la rivendicazione del sangue tedesco non fu più allettante e molti neo *Volksdeutsche* si affrettarono a riscoprirsi slavi.

Una novità jugoslava: la guerra partigiana

Vittorio Emanuele III era stato buon profeta a prevedere che la spartizione della Jugoslavia non ci avrebbe procurato nient'altro che «noie». Dai giorni della facile conquista, nell'aprile del 1941, ai giorni della nostra disfatta, dopo l'8 settembre del 1943, non fu infatti che un susseguirsi di ribellioni e di sopraffazioni, di imboscate e di sabotaggi, di eccidi sanguinosi e di atroci rappresaglie che approfondirono ancor più quel solco antico di odi e di rancori di cui alla fine, purtroppo, pagheranno il conto le innocenti popolazioni italiane radicate da secoli nella Venezia Giulia.

Neppure i tedeschi, per la verità, avevano previsto le drammatiche conseguenze di quel rapido *blitz* balcanico deciso da Hitler in uno scatto di rabbia e risolto in pochi giorni quasi senza colpo ferire. D'altra parte, la guerriglia, questo nuovo modo di fare la guerra che in seguito dimostrerà più che mai la sua validità, a quell'epoca non era neppure materia di studio nelle scuole militari degli eserciti moderni. L'eventualità che un popolo insorgesse in armi contro l'esercito invasore era considerata, più che remota, inattuabile. In Francia infatti, come in Polonia e negli altri paesi sottoposti al regime d'occupazione, le popolazioni civili avevano accettato rassegnate la situazione di fatto limitandosi a sperare che gli eserciti alleati risolvessero le sorti del conflitto.

La Jugoslavia, invece, fece eccezione. Ed è singolare che l'unico popolo europeo privo di una storia comune e di un comune senso dello Stato, nonché diviso all'interno da profondi odi ancestrali, abbia trovato la forza di ribellarsi a quello che era in quel momento il più potente esercito del mondo. Ma così è stato, e ciò offre forse la misura della sua feroce combattività e della sua orgogliosa fierezza.

Secondo la storiografia ufficiale, la vittoriosa Resistenza jugoslava ha un solo nome, quello del croato Josip Broz, alias Maresciallo Tito. In realtà Tito ne diventò il capo assoluto molto più tardi, dopo avere *liquidato* (nel vero senso della parola) tutti quei partigiani che non accettavano la sua guida e la sua ideologia. Riuscì a raggiungere questo scopo grazie alla protezione di Stalin, a un ripensamento di Winston Churchill e, successivamente, all'aiuto degli americani. Ma, inizialmente, la guerriglia jugoslava era formata da varie componenti (tutte spontanee, tutte ostili fra loro) fra le quali primeggiavano i cetnici, combattenti indomiti il cui capo era il generale serbo Draža Mihajlović.

I cetnici (da *ceta*, squadra) il 18 aprile del 1941, avevano risposto all'appello di Mihajlović che si rifiutava di riconoscere la capitolazione dell'esercito jugoslavo. Riuniti sulle montagne di Ravna Gora, già poche settimane più tardi erano stati raggiunti da una missione militare britannica la quale, oltre a portare il saluto e la promessa di appoggio incondizionato da parte di Churchill, provvide a far paracadutare nel territorio enormi quantitativi di armi, munizioni, viveri e medicinali.

In breve tempo, il movimento insurrezionale cetnico si diffuse in tutta la Jugoslavia fino a raggiungere la consistenza di un vero esercito. Nel 1943 contava quasi 350.000 combattenti. Erano tutti animati da un ardore e da una forza dai tratti quasi selvaggi e selvaggia era la loro apparenza. Benché armati di moderni mitragliatori, facevano sfoggio di lunghi pugnali affondati nel cinturone (che usavano spesso nei duelli mortali con gli odiati ustascia) e tutti, in segno di voto, si erano lasciati crescere barba e capelli. La loro bandiera portava al centro un grande teschio.

Gli ufficiali provenivano dalle file del disciolto esercito jugoslavo e dalla nobiltà fedele a re Pietro II, mentre il grosso dei guerriglieri era composto di pastori e di boscaioli serbi, ma anche di montenegrini, di sloveni, di bosniaci e di altre comunità fedeli alla monarchia. Era gente rude e violenta che applicava con gli avversari gli stessi metodi che gli avversari usavano contro di loro. Per consuetudine non facevano prigionieri.

Draža Mihajlović era il loro indiscusso capo militare. Il suo programma prevedeva, fra l'altro, la riunificazione della Jugoslavia in uno Stato federale «allargato ai territori dove vivono i serbi, i croati e gli sloveni... fino al confine *naturale* del Tagliamento». Come racconta Pier Arrigo Carnier, Mihajlović era un uomo audace e combattivo. Credeva nella dominante funzione storica della Serbia e condivideva la convinzione diffusa in tutti i Balcani che i serbi fossero i migliori soldati del mondo. La cieca fiducia in questa segreta virtù lo faceva sperare nel successo della guerriglia.

Il «tradimento» di Churchill

Verso la fine del 1941, dopo l'aggressione tedesca all'URSS, entrarono in azione in Jugoslavia anche le prime brigate del movimento partigiano comunista guidato dal Maresciallo Tito. Per qualche tempo i due movimenti operarono autonomamente, ma con il comune obiettivo di cacciare gli invasori, distruggere lo Stato croato degli ustascia e riunificare la Jugoslavia. Fra i due capi vi furono anche dei tentativi di intesa, che però non approdarono a nulla per i profondi contrasti ideologici. Sicuro dell'appoggio degli Alleati (Churchill era stato con lui prodigo di aiuti militari e di promesse politiche e territoriali, fra le quali non mancava, come al solito, la Venezia Giulia), Mihajlović resistette a fronte alta ai tentativi egemonici messi in atto da Tito. Questo stato di cose perdurò alcuni mesi, poi l'equilibrio fu spezzato da quello che i cetnici definiranno «il tradimento di Churchill». Ciò accadde nell'ottobre del 1942 quando il premier britannico dovette accorrere a Mosca per placare l'ira di Stalin. Da tempo, il capo sovietico reclamava dagli Alleati l'apertura di un secondo fronte in Europa per alleggerire il peso della guerra, che in quel momento gravava interamente sull'Armata Rossa. Non potendo accontentarlo (il secondo fronte sarà aperto dagli Alleati soltanto nel giugno del 1944 con lo sbarco in Normandia), Churchill cercò di rabbonire il diffidente alleato sovietico accogliendo altre sue richieste. Fra le quali figurava il riconoscimento dell'influenza di Mosca sui Balcani e il conseguente abbandono di Mihajlović a favore di Tito che Stalin considerava un suo luogotenente.

Qualche tempo dopo, la Gran Bretagna richiamava tutte le missioni militari presso il comando di Mihajlović per trasferirle nel quartier generale di Tito. Di esse faceva parte anche il figlio dello stesso Churchill col grado di capitano. Con Mihajlović restarono invece gli americani, più restii a compiere quel clamoroso voltafaccia. Scriverà infatti Harold MacMillan nelle sue memorie: «Gli americani aiutano l'ala destra della guerriglia jugoslava e noi l'ala sinistra...». Ma alla fine anche il presidente Roosevelt accettò il ricatto di Stalin e Mihajlović si ritrovò definitivamente isolato.

Inutile dire che la cessazione degli aiuti angloamericani fu un durissimo colpo per il movimento cetnico. Le formazioni si sbandarono, Mihajlović, secondo l'uso comunista, fu subito additato come un *traditore* e si rifugiò coi suoi ultimi fedeli fra le montagne di Ravna Gora. Seguirono sanguinosi scontri fra i due movimenti partigiani di cui i tedeschi seppero trarre profitto. Migliaia di cetnici infatti, per odio verso i comunisti, scelsero di collaborare con le forze dell'Asse stipulando anche una sorta di patto secondo il quale essi avrebbero combattuto soltanto contro i *titini*, ma non contro gli Alleati. Questo penoso *escamotage* non sarà tuttavia sufficiente a salvarli. Churchill e Stalin approfitteranno di questa collaborazione di fatto per sconfessare il generale Mihajlović e il movimento cetnico.

Da parte sua, Mihajlović non scese mai a patti con i tedeschi e continuò la lotta coi suoi ultimi fedeli anche dopo la fine della guerra. La sua morte è ancora avvolta nel mistero. È noto soltanto che venne catturato nel 1946 dagli agenti di Tito e successivamente fucilato. Non è mai stato rivelato dove si trova la sua tomba per evitare che diventasse un oggetto di culto.

«Non dente per dente, ma testa per dente»

Per le nostre forze d'occupazione scaraventate avventatamente nel ginepraio jugoslavo, le «noie» temute da Vittorio Emanuele non tardarono a manifestarsi in misura superiore ad ogni previsione. Basti considerare che l'intero «fronte balcanico» (dalla Slovenia, recentemente *annessa*, alla Grecia, dove Mussolini si era stoltamente avventurato) terrà impegnato fino all'8 settembre del 1943 il contingente italiano più consistente fra quelli dislocati su tutti gli altri fronti di guerra, dall'Africa settentrionale alla

Russia. In totale, oltre 650.000 uomini, di cui 270.000 solo fra Slovenia e Croazia.

Fra le varie accuse mosse nel dopoguerra dalla Jugoslavia all'Italia (accuse in gran parte strumentalizzate per presentare i successivi massacri e infoibamenti degli italiani come un fenomeno di giustizia popolare) c'è anche quella di avere compiuto violenze e atrocità durante l'occupazione. La pubblicistica slava non esitò in quegli anni a considerare i soldati italiani alla stessa stregua dei tedeschi e degli ustascia. In realtà, il comportamento delle nostre truppe fu molto diverso. Naturalmente, quando la situazione si fece particolarmente accesa, ci furono dei gravi eccessi, ma all'inizio gli stessi fascisti manifestarono orrore per i delitti commessi dai tedeschi e dagli ustascia. «Spoliazioni, rapine, uccisioni sono all'ordine del giorno» annotava scandalizzato Galeazzo Ciano nel suo diario. Mentre il federale di Trieste, Emilio Grazioli, Commissario per la Slovenia, lamentava il comportamento inumano dei nazisti e i loro cupi soprusi. Da parte loro, i tedeschi accusavano gli alleati italiani di «evidenti e continue prove di simpatia» nei confronti dei serbi e degli ebrei che venivano protetti dalle persecuzioni degli ustascia e aiutati a trasferirsi coi loro beni nella zona italiana.

Anche quando la guerriglia si fece più accesa e si accentuarono gli attacchi contro i nostri soldati (peraltro suddivisi e sparpagliati in una miriade di piccoli presidi spesso indifendibili) molti ufficiali esitarono ad attuare le draconiane misure di rappresaglia che gli Alti comandi avevano adottato a imitazione dei tedeschi. I soldati, d'altra parte, recalcitravano davanti all'idea di trasformarsi in poliziotti. Molti si rifiutavano di eseguire gli ordini; e le pene severe comminate ai sabotatori non venivano nella maggior parte applicate.

Coinvolti in una guerra civile di tutti contro tutti, i nostri comandi faticavano ad orientarsi e finirono per perdersi in quel ginepraio di odi tribali, ideologici e religiosi di cui nessuno riusciva più a venirne a capo. Poteva capitare che ustascia croati e cetnici serbi, passati a combattere con le forze dell'Asse, non potessero essere impiegati fianco a fianco contro i partigiani di Tito perché subito cominciavano a spararsi fra di loro. Oppure, come accadde a Gospic nel novembre del 1941, che i nostri alpini fossero costretti ad aprire il fuoco contro gli alleati ustascia per impedire una ennesima strage di serbi.

Con l'intensificarsi della lotta, anche gli italiani furono travolti nella spirale delle rappresaglie. Seguirono rastrellamenti, deportazioni, incendi di villaggi e fucilazioni. Nella zona di Sebenico furono fucilati 240 ostaggi nel 1941 e, nel giugno del 1942, sempre in Dalmazia, 470 civili furono uccisi per rappresaglia, durante un rastrellamento, dai granatieri di Sardegna e dai fanti della divisione «Macerata». In Slovenia, a Lubiana, città proibita dopo il tramonto per i continui attentati, nell'inverno del 1942 ne furono fucilati 103.

L'azione dei partigiani non dava requie, i sabotaggi e gli agguati erano all'ordine del giorno. Il 27 novembre di quell'insanguinato 1942, nel Montenegro, una nostra colonna fu sopraffatta dopo una giornata di combattimenti. I superstiti furono fucilati e gli ufficiali, dopo essere stati squartati a colpi di scure, gettati in una foiba. L'avvenimento fu registrato perché era la prima volta che gli jugoslavi usavano una foiba come inghiottitoio di cadaveri. Ma in seguito si scoprirà che già nel dicembre del 1941 cento alpini della «Pusteria» avevano subìto la stessa sorte.

Se gli alpini pagarono il più alto prezzo della guerriglia poiché il loro Corpo era il più adatto per le operazioni in montagna, i più odiati erano naturalmente i soldati in camicia nera, ossia gli uomini della milizia che assolvevano nell'esercito italiano il ruolo svolto dalle SS nei confronti della Wehrmacht. Considerate dai titini punta di diamante della repressione e nemico ideologico per eccellenza, per le «camicie nere» non c'era clemenza. Nel marzo del 1942 un centinaio di superstiti di un battaglione annientato in Dalmazia fu spinto nelle rive melmose del lago di

Popovo Polje e affogato a viva forza nel fango. Mentre il generale Alessandro Pirzio Biroli, comandante nel Montenegro, riferiva: «L'insurrezione è alimentata dall'odio contro i fascisti. Questo spiega il fatto che i ribelli non hanno risparmiato gli uomini della 108ª Legione Camicie Nere catturati negli scontri, mentre tutti i soldati in grigioverde sono stati spontaneamente liberati».

Il comportamento dei nostri soldati variava anche a seconda della mentalità dei rispettivi comandanti. Per fortuna, nel nostro esercito non vigeva la ferrea disciplina che animava quello dei nostri alleati. Ciascuno, più che agli ordini, obbediva alla propria coscienza. Per esempio, non tutti obbedirono alla drastica «circolare 4» emanata dal generale Mario Roatta, comandante della 2ª Armata, nella quale si stabiliva che «i ribelli devono essere trattati non secondo la formula del *dente per dente*, ma bensì da quella *testa per dente*». Taluni generali, tuttavia, si rivelarono più duri degli stessi fascisti. Ecco cosa diceva una circolare del generale Mario Robotti, comandante dell'XI Corpo d'Armata: «Dove passate levatevi dai piedi tutta la gente che può spararci nella schiena. Resta infatti inteso che il provvedimento dell'internamento non elimina il provvedimento di fucilare...».

Sempre Robotti, evidentemente dispiaciuto per il riprovevole umanitarismo dei suoi sottoposti, rimbrottava in questo modo il generale Ruggero che gli aveva segnalato l'arresto di 73 sospetti: «Chiarire bene il trattamento dei sospetti, perché mi pare che su 73 sospetti non trovar modo di dare neppure un solo esempio è poco. Cosa dicono le norme 4 C? Conclusione: si ammazza troppo poco!». In un altro rapporto ancora si legge: «A Primosten, a sud di Sebenico, i marinai e i bersaglieri hanno ricevuto l'ordine di uccidere tutti quelli che vi si trovavano. I militari, di loro iniziativa, non hanno ucciso nessuno, né donne né bambini...».

Luci ed ombre, risvolti e doppiezze, come si vede, non mancano. Tutti hanno le mani sporche in questo ginepraio insanguinato, italiani compresi, che in alcune zone proteggono i civili e in altre li fucilano. A Lubiana capita che due giovani studenti vengano fatti arrestare da un ufficiale italiano per uno sguardo di sfida lanciato in strada. Più tardi lo stesso ufficiale viene avvicinato da due amici sloveni che lo supplicano di intervenire per salvare la vita di due giovani. Gli raccontano come sono andate le cose e lui capisce che si tratta proprio di quelli che lui stesso ha fatto arrestare. Pentito, li ricerca in tutti i posti di polizia, poi scopre che i soldati che li hanno avuti in consegna li hanno già liberati di loro iniziativa.

Ma capita anche di assistere a soprusi stupidi o delinquenziali. Gruppi di contadine aggredite e malmenate al mercato perché incapaci di vendere la loro mercanzia in lingua italiana; civili bastonati perché sono rimasti col cappello in testa davanti alla bandiera italiana; studenti con volantini antifascisti in tasca imprigionati e torturati per settimane e talora barbaramente trucidati dai militi fascisti o dai questurini.

Non passava giorno che non si registrassero brutalità e violenze sia da una parte che dall'altra. Non tutti i nostri soldati erano buoni e non tutti i fascisti erano cattivi. Poteva per esempio capitare che il Commissario per la Slovenia, il fascista Emilio Grazioli, si rivolgesse al generale Gambara per lamentare il duro trattamento riservato agli internati nei nostri lager («presentano nella assoluta totalità i segni più gravi dell'inazione e della fame») per sentirsi rispondere: «Logico e opportuno che campo di concentramento non significhi campo di ingrassamento. Individuo malato = individuo che sta tranquillo».

Luci ed ombre, si diceva. Capita anche che lo stesso Mussolini sia personalmente coinvolto in un episodio umanitario. Da tempo, come racconta lo storico Renzo De Felice, il Duce era sommerso dalle richieste dei tedeschi che pretendevano la «restituzione» degli ebrei jugoslavi che si erano rifugiati nelle zone occupate dagli italiani. Lui le aveva tentate tutte per non cedere alle loro pressioni. Prima, con un sotterfugio burocratico, rese vano il suo assenso. Poi cercò di rinviare tutto alle calende greche con la scusa che era necessario un censimento per stabilire quanti degli ebrei censiti erano di «pertinenza» dei tedeschi. Infine ordinò di concentrarli tutti quanti nell'isola dalmata di Arbe onde evitare che certe ventilate modifiche delle zone d'occupazione a favore della Croazia favorissero la loro cattura. Da parte loro i tedeschi, mangiata la foglia, organizzarono un piano per trasferirli via mare a Trieste e da lì in Germania, ma Roma fece sapere che non erano disponibili le navi necessarie per il trasporto. Il doppio gioco italiano irritò i tedeschi, tanto che le loro proteste indussero Mussolini a cedere: gli ebrei di Arbe sarebbero stati consegnati. Ma subito dopo, parlando con il generale Robotti, confessò il proprio disappunto: «Il ministro Ribbentrop è venuto a Roma e mi ha tediato per ore insistendo che Hitler vuole a tutti i costi la consegna degli ebrei jugoslavi. Ho tergiversato, ma poiché non si decideva ad andarsene, per levarmelo dai piedi ho dovuto acconsentire. Ma voi inventate tutte le scuse che volete per non consegnargliene neppure uno».

Espedienti all'italiana, moralmente squallidi, che però salvarono la vita di tanta gente... La storia dell'occupazione italiana in Jugoslavia è piena di queste dolorose contraddizioni.

Un 8 settembre alla rovescia

E ora cosa faranno i tedeschi? L'angosciato interrogativo che si posero tutti gli italiani la sera dell'8 settembre 1943, quando il Maresciallo Badoglio annunciò a sorpresa la firma dell'armistizio, nella Venezia Giulia venne subito sommerso da un altro interrogativo ancora più drammatico: *E ora cosa faranno gli slavi?*

I timori erano più che giustificati. I rapporti fra le due popolazioni, già esasperati dal regime d'occupazione, erano stati portati al limite di rottura dagli ultimi avvenimenti bellici, disastrosi per l'Italia e favorevoli invece alla lotta partigiana che già si era incuneata dentro i confini dello Stato. Neanche durante i «45 giorni di Badoglio» seguiti alla caduta del regime il 25 luglio, era stato compiuto uno sforzo per rendere meno aspra la convivenza e cancellare quell'odioso parallelo fra fascismo e italianità che gli italiani delle province giuliane pagheranno a caro prezzo negli anni seguenti. Anzi, si continuò stoltamente a enfatizzare quella politica nazionalistica che il nazionalismo slavo ritorcerà poi contro di noi.

Oltre ai tedeschi, che già avevano predisposto i loro piani per impossessarsi del territorio, ad approfittare dello scompiglio provocato nelle nostre forze armate dall'annuncio della capitolazione furono i partigiani di Tito e gli ustascia di Ante Pavelić. I primi si avventarono intelligentemente sulle nostre truppe allo sbando e nei magazzini abbandonati per impadronirsi delle armi, delle munizioni e dei mezzi militari (un bottino colossale che permetterà a Tito di armare un esercito); i secondi si lanciarono avidamente alla conquista «delle terre croate sull'Adriatico».

La sera dell'8 settembre, Ante Pavelić, felice di potersi finalmente liberare della sia pure formale «protezione» italiana, si era infatti affrettato a dichiarare guerra all'Italia badogliana annunciando che Hitler aveva riconosciuto «allo Stato indipendente della Croazia non solo la Dalmazia ma anche le città di Fiume e Zara». Grandi manifestazioni antitaliane furono poi organizzate a Zagabria e in altre città.

Alla vigilia della capitolazione quasi trecentomila soldati italiani erano distribuiti fra Venezia Giulia, Slovenia, Croazia e Dalmazia. Si trattava della 2ª e dell'8ª Armata. La prima, comandata dal generale Robotti dopo che Roatta era stato chiamato a capo dello Stato Maggiore dell'Esercito, l'altra al comando del generale Italo Gariboldi. Quest'ultima unità era l'ex ARMIR reduce dalla disastrosa campagna di Russia. Ne facevano parte le gloriose divisioni alpine *Julia*, *Cuneense* e *Tridentina*, ma erano ancora in fase di riordinamento e prive di armamento pesante.

Sia pure nel clima di confusione ed incertezza che accompagnò le complesse manovre per giungere alla stipulazione dell'armistizio all'insaputa dei tedeschi, il nostro Stato Maggiore aveva predisposto un'operazione destinata a proteggere il confine orientale ed a favorire il rientro delle truppe impegnate in Jugoslavia. Per assolvere questo compito era stato scelto il generale Gastone Gambara, convocato urgentemente a Roma dalla Slovenia dove comandava l'XI Corpo della 2ª Armata. Il 5 settembre, informato di quanto stava bollendo in pentola, Gambara ricevette l'ordine di rientrare alla base e di costituire un contingente speciale, composto da unità delle due Armate colà dislocate «onde assolvere speciali compiti operativi nell'eventualità prevista di un attacco tedesco in Venezia Giulia». Il generale doveva soprattutto garantire il possesso di Trieste, di Pola e di Fiume per favorire un possibile sbarco alleato nell'alto Adriatico.

Secondo quanto racconterà in seguito Gambara, egli, di fronte alla complessità del compito, chiese di poter disporre di almeno una decina di giorni. Gli fu risposto che l'armistizio non sarebbe stato reso ufficiale prima del 12 settembre e quindi avrebbe avuto il tempo necessario. Invece, come è noto, gli eventi precipitarono. Gambara lasciò Roma in auto nel pomeriggio dell'8 settembre e fu informato dell'armistizio mentre transitava da Foligno. Benché sconcertato riuscì comunque a proseguire il viaggio in aereo e la mattina del 9 raggiungeva Fiume. Qui giunto si trovò di fronte a una situazione desolante: le nostre unità navali efficienti erano salpate dai porti di Pola e di Fiume per raggiungere Malta secondo gli ordini ricevuti da Roma (da Pola era salpata anche la corvetta *Baionetta* che la sera del 9, a Pescara, imbarcherà la famiglia reale, Badoglio e gli alti gradi militari in fuga verso Brindisi). Le unità terrestri, prive di ordini e di comandanti, cominciavano a disgregarsi; molti reparti avevano già gettato le armi, altri erano impegnati in scontri a fuoco ora con i tedeschi, ora con gli ustascia e ora con i partigiani. Nel frattempo, mentre a Fiume e a Pola si registravano i primi saccheggi, la popolazione italiana era in preda al panico e invocava protezione contro la minaccia slava che già si stava addensando.

In mezzo a questa confusione e impossibilitato a organizzare una resistenza armata rinserrato com'era fra titini, ustascia e tedeschi, il generale Gambara, come farà più tardi l'intera popolazione italiana dell'Istria, scelse il male considerato minore: i tedeschi. In seguito, egli giustificherà questo suo comportamento affermando che era stato obbligato a compiere questa scelta avendola giudicata più conveniente di fronte al pericolo rappresentato dagli slavi «che non avrebbero certamente risparmiato le decine di migliaia di cittadini italiani residenti a Fiume». Qualche giorno dopo, mentre la maggior parte dei suoi uomini stava prendendo la strada dell'internamento in Germania o si affannava a rientrare in patria con mezzi di fortuna, Gastone Gambara, sotto scorta tedesca, fu tradotto a Trieste. In seguito aderì alla Repubblica Sociale e assunse un incarico nello Stato Maggiore dell'esercito repubblicano creato dal Maresciallo Rodolfo Graziani.

Il fronte nazionale panslavo

Da quando la guerriglia aveva preso piede in tutta la Jugoslavia, gli attivisti comunisti avevano provveduto anche nelle province giuliane a preparare il terreno in vista della prossima *liberazione*. La propaganda martellante e capillare, diretta da funzionari, anche italiani, istruiti dalle scuole sovietiche, era condotta con grande abilità. Nelle fabbriche e nei cantieri, dove era forte la presenza italiana, si insisteva soprattutto sull'internazionalismo operaio, sull'autodeterminazione dei popoli, sul baluardo del socialismo rappresentato dall'Unione Sovietica e dalla nuova Jugoslavia di Tito quale avamposto del mondo socialista in espansione. Nelle campagne, fra i contadini slavi, la musica era naturalmente diversa e toccava le corde del sentimento e del riscatto nazionale garantendo che per le genti dell'Istria stava per giungere il giorno del riscatto e della vendetta; che i padroni, italiani e fascisti, sarebbero stati cacciati e che tutti sarebbero vissuti felici e contenti in una grande Jugoslavia che Tito avrebbe finalmente riunito dentro i suoi confini naturali...

Poiché sarebbe risultato difficile mantenere altrimenti unito il vasto e variegato movimento resistenziale, i propagandisti del Pcj non avevano esitato a mettere la sordina ai soliti temi classisti e internazionalisti che caratterizzavano altrove la propaganda comunista, per ingigantire e assorbire spregiudicatamente le rivendicazioni panslave che, unite al desiderio di rivincita sugli italiani, costituivano l'unico collante capace di tenere insieme correnti di pensiero diverse e contraddittorie. Ma va anche aggiunto che i propagandisti del Pcj trovarono un terreno fortemente ricettivo per la loro infiltrazione grazie, da un lato, alla politica di nazionalizzazione forzata portata avanti dal governo di Roma e, dall'altro, all'azione del clero cattolico che aveva mantenuto vivo fra quelle popolazioni un profondo sentimento nazionale.

Come osserva Gaetano La Perna, storico istriano fra i più equilibrati, fu infatti il clero di ceppo slavo, coi suoi seminari trasformati in centri motore del movimento e con le sue parrocchie e le sue sacrestie utilizzate come sicuri rifugi, a consentire agli attivisti del Pcj di dare vita a quel largo fronte nazionale panslavo che gli servirà come trampolino di lancio per la conquista del potere.

Più complessi e problematici, oltre che fonte di dissidi e perenni malintesi, furono invece fin dall'inizio i rapporti fra il Pci – molto radicato nelle città giuliane e soprattutto nel Monfalconese – e il Pcj che lo considerava un ostacolo alla sua penetrazione in quei territori. Ciò che li divideva era ovviamente la questione nazionale. L'argomento fu al centro di estenuanti discussioni durante gli incontri clandestini fra le delegazioni dei due partiti. Al termine dei quali, quasi sempre si concludeva che la questione territoriale «sarebbe stata posta sul tappeto solo dopo la vittoria

finale sul nazifascismo» e che naturalmente sarebbe stata
risolta dai partiti «fratelli» tenendo conto dei diritti delle
minoranze e dell'autodeterminazione dei popoli. In realtà,
gli jugoslavi continuavano ininterrottamente la loro campagna nazionalista ribadendo le loro parole d'ordine e i loro slogan che sostenevano il diritto delle genti slave a vedere unite nella patria comune la Venezia Giulia, la Dalmazia
e la Carinzia. Il loro slogan preferito, ricavato da una dichiarazione di Tito, diceva: «Non vogliamo l'altrui, ma il
nostro non diamo».

Spesso i dirigenti dei due partiti chiedevano «lumi» alla
centrale di Mosca, ma le risposte che ne ritornavano erano
sempre ambigue e favorevoli alla politica annessionista
portata avanti dalla Jugoslavia. Nello stesso tempo, sia
nella base che fra i dirigenti del Pci giuliano, la penetrazione slava si faceva sempre più intensa, favorita soprattutto dal mito dell'Unione Sovietica di cui Tito si presentava come il figlio prediletto. E così prendeva piede la
convinzione che gli italiani della regione avrebbero avuto
tutto l'interesse a vivere in una Jugoslavia socialista piuttosto che in un'Italia destinata ad essere dominata dall'o-
diato imperialismo.

Il Pci triestino abbandona il CLN

Il cambiamento di linea politica del Pci triestino si manifestò clamorosamente quando i vertici della federazione
decisero di richiamare il loro rappresentante presso il
CLN, ossia il Comitato di liberazione nazionale di cui facevano parte i rappresentanti di tutti i partiti antifascisti
italiani della regione. Era accaduto questo. Nel corso di
una riunione clandestina, il rappresentante del Pci triestino aveva chiesto che venisse accolto nel comitato anche
un rappresentante del Partito comunista sloveno e che si
proclamasse ufficialmente che la popolazione giuliana,
italiani compresi, desiderava unirsi alla «nuova Jugoslavia di Tito». La risposta del CLN non poteva che essere

negativa e, di conseguenza, i comunisti triestini abbandonarono questo organismo per confluire nel Comitato di liberazione jugoslavo. L'episodio ebbe forti ripercussioni
all'interno del CLN Alta Italia che dirigeva la lotta clandestina nel nostro paese, ma il Pci, che vi era rappresentato
da Luigi Longo, non sconfessò i compagni triestini. Anzi,
più tardi, con una lettera del suo Comitato Centrale (che
doveva essere *riservatissima*, ma che gli jugoslavi si affrettarono a rendere pubblica) si impegnerà a riconoscere la
necessità di porre tutte le formazioni partigiane italiane
operanti nella regione giuliana sotto il comando slavo, e
ad accettare «l'annessione di Trieste e del Litorale alla Slovenia come un inevitabile fatto storico».

Per tutta la durata della guerra il Pci mantenne questa
linea rinunciataria manifestandosi sempre possibilista rispetto alle pretese titine. Solo a guerra finita, quando la
questione giuliana era più accesa che mai, i ministri comunisti che facevano parte del governo tripartito appro-
varono una dichiarazione in cui Trieste veniva definita
«città indiscutibilmente italiana». Ma il partito, sia pure
fra incertezze e perplessità, non mutò la propria posizione
fino a quando, con grande sollievo dei comunisti triestini,
il 28 giugno del 1948 la centrale moscovita del Cominform
scomunicò Tito e la Lega dei comunisti jugoslavi.

La prima ondata titina si abbatte sull'Istria

I partigiani jugoslavi conquistarono l'Istria per la prima
volta subito dopo l'8 settembre del 1943. Fu una conquista
rapida e incontrastata. Secondo Luigi Papo, storico istriano che prestava servizio militare nella sua regione, Tito
era stato informato in anticipo della prossima capitolazione italiana, altrimenti non si spiegherebbe la fulminea
contemporaneità dei due avvenimenti. Già nella notte fra
l'8 e il 9, mentre la psicosi del «tutti a casa» si propagava
fra le nostre truppe, le unità partigiane varcarono il confine puntando direttamente sulle caserme e sui magazzini

abbandonati per impadronirsi dell'ingente quantitativo di materiale bellico ormai privo di sorveglianza. Salvo sporadici e brevi episodi di resistenza dovuti all'iniziativa personale di qualche comandante, nel giro di pochi giorni della vasta rete di presidi e postazioni non rimase più nulla. Restarono escluse dall'occupazione soltanto Fiume, Pola e poche altre località costiere dove le scarse forze tedesche presenti si erano impadronite della situazione.

Dopo la comparsa dei miliziani slavi, e da questi sollecitati, in molte località scesero allo scoperto gli attivisti sloveni e croati, ai quali si affiancarono gli istriani di origine slava nonché molti gruppi di italiani antifascisti che giudicavano necessaria l'unione delle forze per battere il fascismo e il tedesco invasore. Grazie a questa confusa operazione, in seguito gli storici jugoslavi si riterranno autorizzati a definire insurrezione popolare quella che fu in realtà un'occupazione militare vera e propria.

Nei giorni che seguirono, l'Istria fu sommersa da una marea di bandiere dove, con malcelata perplessità degli antifascisti italiani che avevano partecipato all'«insurrezione», i vessilli nazionali sloveni e croati quasi nascondevano alla vista le poche bandiere rosse simbolo della rivoluzione proletaria e del comunismo internazionale. Peggior sorte incontrarono i tricolori italiani che la gente aveva esposto alle finestre mettendo prudentemente in mostra il solo cantone rosso, oppure con una grossa stella rossa cucita in fretta al centro del cantone bianco. Agli jugoslavi quei colori comunque non piacevano e ben presto, senza mezzi termini, fecero intendere che quell'esposizione non era gradita. Dopo qualche timido accenno di protesta, anche gli antifascisti più autorevoli compresero rapidamente che era più salutare adeguarsi alle nuove disposizioni. E le primitive perplessità si trasformarono in serie preoccupazioni, che infatti non tardarono a sopraggiungere ed a mettere in crisi di coscienza tutti gli antifascisti italiani che avevano accolto i titini come liberatori.

Il 26 settembre, a Pisino, nel corso di una tumultuosa

assemblea alla quale parteciparono due soli italiani, fu ufficialmente proclamata la separazione dell'Istria dall'Italia e il suo ricongiungimento alla madrepatria jugoslava. Abolite tutte le leggi politiche, economiche e sociali imposte dal regime fascista, veniva stabilito che tutti gli italiani trasferiti in Istria dopo il 1918 sarebbero stati «restituiti all'Italia» e che tutte le forzate italianizzazioni dei nomi e delle scritte avrebbero riassunto i vecchi nomi croati. Il giorno seguente, Tito elevò ufficialmente Pisino al rango di città capoluogo dell'Istria in sostituzione di Pola, occupata dai tedeschi. Furono cambiate le targhe automobilistiche che da PL (Pola) diventarono PZ (Pazin-Pisino), e fu istituito a Pisino un «Tribunale del popolo» che sarebbe servito a dare una veste legale alle orrende stragi di italiani che si verificheranno in Istria durante quel tragico settembre del 1943.

Questo «tribunale», composto da tre contadini, era presieduto da Ivan Motika, un avvocato di Zagabria morto novantenne nel 1998 proprio quando la giustizia italiana, dopo un mezzo secolo di sconcertante silenzio, aveva assunto l'iniziativa di fare luce sull'olocausto degli italiani della Venezia Giulia.

Entra in azione la «ghepeù slava»

Mentre tutto questo accade in superficie, i miliziani slavi con l'aiuto di agenti locali hanno già iniziato la caccia al fascista che in ultima analisi equivale alla caccia all'italiano. Gli arresti avvengono di notte, ma quasi sempre con maniere compite e con la scusa che si tratta di normali accertamenti, cosicché il panico tarda a svilupparsi. Cadono nella rete della *ghepeù slava*, come ora la chiamano, centinaia di cittadini del gruppo etnico italiano: gerarchetti locali, podestà, segretari, ma anche messi comunali, guardie civiche, levatrici, ufficiali di posta, insegnanti, proprietari terrieri, impiegati, sorveglianti, carabinieri e guardie forestali. Nella maggioranza dei casi, se a costoro possono es-

sere mosse delle accuse queste derivano dall'appartenenza a una classe sociale che definiremmo borghese o di
avere nutrito idee politiche diverse da quelle degli occupanti. Su tutti comunque pesa la grave colpa di essere italiani.

A Pisino, gli arrestati vengono rinchiusi nei sotterranei
del castello dei Montecuccoli, antichi feudatari della zona,
e sottoposti a maltrattamenti, angherie umilianti e a lunghi ed estenuanti interrogatori. La maggioranza degli arrestati sarà poi liquidata senza processo, ma i pochi processi che si celebrano davanti ai Tribunali del popolo sono
delle tragiche farse. L'imputato non ha diritto a citare testi
a discarico e non dispone neppure dell'avvocato d'ufficio.
La sentenza finale è sempre di colpevolezza e ciò compor-
ta la pena capitale subito eseguita.

Oltre al già nominato Ivan Motika, che per le sue «bene-
merenze» farà carriera in magistratura e sarà eletto deputato al parlamento di Belgrado, Gaetano La Perna elenca
numerosi altri giudici-carnefici che si resero tristemente
famosi in tutta l'Istria per la loro spietatezza: Ciro Raner,
già studente universitario a Bologna, che diventerà segretario particolare del «braccio destro» di Tito, nonché il ministro degli Esteri jugoslavo, Edward Kardelj; le sue sorelle Nada, Vanda e Lea che fecero carriera nell'OZNA, la
polizia segreta titina; l'ex lattaia di Pisino Tonca Surian, i
fratelli Stamberga, Giovanni Maretich, Giusto Massarotto,
destinato a diventare esponente dell'Unione degli italiani
dell'Istria, Benito Turcinovich che collaborò con Maretich
a mandare a morte molti italiani e che poi verrà accolto
come profugo anticomunista in Italia, Giovanni Colich,
detto il «gobo», terrore di Barbiana, e moltissimi altri.

Verso la fine del settembre 1943, quando i tedeschi cominciarono a muoversi per riconquistare l'intera Istria, i
processi-burletta cessarono e si infittirono invece le uccisioni multiple e sommarie. Legati ai polsi con filo di ferro
stretto con le pinze i prigionieri venivano spinti in colonna nel fondo delle cave di bauxite e falciati con raffiche di

mitra. Altri venivano allineati sull'orlo delle foibe, profonde da cento a trecento metri, e scaraventati nell'abisso dopo l'uccisione. Spesso però gli aguzzini si limitavano ad uccidere il primo della fila il quale, cadendo nel baratro, si trascinava dietro i compagni di sventura. Molti venivano evirati e torturati prima dell'esecuzione, altri obbligati a spogliarsi di ogni indumento fino a trovarsi completamente nudi davanti ai carnefici. Nelle località costiere si procedeva invece agli annegamenti collettivi. Legati l'uno all'altro col filo di ferro e opportunamente zavorrati con grosse pietre venivano portati al largo su grosse barche e gettati in mare. Ma il metodo più diffuso per sbarazzarsi dei cadaveri fu quello dell'infoibamento, considerato più pratico e più facilmente occultabile.

Le foibe inghiottitoi di cadaveri

Le foibe sono voragini naturali diffusissime in Istria e caratteristiche dei territori carsici. Sotto l'apertura larga pochi metri e quasi sempre nascosta dalla vegetazione si spalanca un abisso vasto e tortuoso che può anche raggiungere i trecento metri di profondità. Sul fondo si aprono grandi caverne spesso attraversate da torrenti impetuosi che raggiungono il mare per vie sconosciute. Fra il 1943 e il 1947 in questi inghiottitoi furono gettati dai partigiani titini migliaia di esseri umani vittime dell'odio e delle passioni del momento. In grande maggioranza si tratta di italiani, ma ci sono anche tedeschi, ustascia, cetnici e persino soldati neozelandesi dell'esercito britannico. Quanti? Gli storici delle parti avverse si sono spesso accapigliati sui risultati della macabra conta (10.000? 20.000? 30.000?) come se qualche cadavere in più o in meno potesse modificare l'intensità dell'orrore. In realtà, il conto esatto non si potrà mai fare. Nella foiba di Basovizza, presso Trieste (l'unica con quella di Monrupino ad essere rimasta in territorio italiano) furono ricuperati 500 metri cubi di resti umani e si calcolò brutalmente che le vittime dovevano essere 2.000: quattro per metro cubo. Anche l'identificazione dei cadaveri, malgrado gli sforzi compiuti individualmente da pietosi ricercatori, è stata resa impossibile. Gli jugoslavi hanno sempre rifiutato ogni forma di collaborazione e comunque avevano già provveduto a suo tempo a distruggere gli archivi comunali e gli schedari dell'anagrafe. Bisognava impedire di contare quanti italiani abitavano nei paesi «liberati» per non rivelare quanti ne mancavano all'appello.

D'altra parte, della sorte dei nostri *desaparecidos*, l'Italia democratica e repubblicana non si è mai preoccupata. L'argomento non era «politicamente corretto», meglio dunque ignorarlo. Non a caso le foibe di Basovizza e di Monrupino, come vedremo più avanti, sono state dichiarate solo monumento di interesse nazionale, e non prima del 1982. Quei poveri morti hanno dovuto attendere trentacinque anni per ricevere una corona di fiori del capo dello Stato.

Un martirio fra i tanti

La morte di Norma Cossetto, istriana di Santa Domenica di Visinada, un paesino vicino a Visignano, è uno dei tanti episodi drammatici che simboleggiano la bestiale ondata di violenza che si abbatté sugli italiani della Venezia Giulia, dell'Istria e della Dalmazia dopo l'8 settembre del 1943. Ma è forse l'unico che si può raccontare dall'inizio alla fine.

Norma, come racconta lo storico istriano Antonio Pitamitz, aveva 23 anni ed apparteneva ad una famiglia di possidenti. Suo padre aveva ricoperto incarichi nella locale sezione del partito fascista. Nell'estate del 1943, la giovane, iscritta all'Università di Padova e allieva del professor Concetto Marchesi, stava preparando la tesi di laurea dedicata alla storia della sua Istria. Aveva scelto il titolo dal colore della sua terra fertile e arrossata dalla presenza della bauxite: *Istria Rossa*. Un soggetto classico destinato ad approfondire quella ricerca storica e culturale che da tempo si conduceva per sostenere, con la testimonianza della pluricentenaria civiltà latina e veneziana, l'italianità di quelle terre che gli slavi rivendicavano.

La figura di Norma era diventata familiare agli abitanti del circondario. Girava in bicicletta da un paese all'altro visitando municipi e canoniche per frugare negli archivi e sfogliare vecchie carte. Era uno studio in cui metteva tutto il suo giovanile entusiasmo, ma non poté condurlo a termine. Il 26 settembre venne infatti prelevata da una *volante rossa*, composta di comunisti italiani e croati, e rinchiusa nell'ex caserma dei carabinieri di Visignano. Qui, i suoi carcerieri cercarono con blandizie e minacce di convincerla a collaborare e di aderire al loro movimento, ma Norma rifiutò recisamente. Fu allora trasferita insieme ad altri parenti ed amici, arrestati come lei, in un carcere di Antignana dove ebbe inizio per la giovane una straziante via crucis.

Nei giorni che seguirono, la prigioniera dovette subire ogni sorta di tormenti. Fu anche legata sopra un tavolo e violentata ripetutamente dai suoi aguzzini. Una donna che abitava nei pressi della scuola-prigione, udendo i suoi lamenti, ebbe il coraggio, verso sera, di avvicinarsi alle imposte: Norma, ancora legata al tavolo, invocava i genitori, chiedeva aiuto, chiedeva acqua, chiedeva pietà. Dopo giorni di sofferenza, la povera ragazza fu condotta nel paese di Santa Domenica dove il solito «Tribunale del popolo» la condannò sbrigativamente a morte insieme ad altri ventisei compagni di sventura. Per tutti, la tomba doveva essere una foiba di Villa Surani. I morituri furono legati insieme e scortati fino al luogo dell'esecuzione da sedici partigiani titini. Norma non si reggeva in piedi, ma prima di precipitarla nella voragine, i giustizieri vollero ancora approfittare di lei. E dopo avere infierito su quel povero corpo ormai inanimato, le recisero i seni e le conficcarono un legno nei genitali.

Nulla si sarebbe saputo della fine di Norma se il caso non avesse giocato la sua parte. Tempo dopo, i tedeschi che avevano rioccupato quella zona, catturarono alcuni partigiani dai quali si seppe la verità. I sedici aguzzini furono identificati e catturati, la salma di Norma fu ricuperata dalla foiba, profonda 136 metri, in fondo alla quale giacevano anche i suoi ventisei compagni di sventura, oltre a una decina di altri italiani uccisi successivamente. I poveri resti vennero riportati in superficie dopo un penoso lavoro durato ore dai volontari guidati dal maresciallo dei vigili del fuoco di Pola Arnaldo Harzarich, l'uomo cui si deve il ricupero di centinaia e centinaia di cadaveri infoibati.

La salma di Norma, prima della sepoltura, venne composta nella cappella del cimitero di Santa Domenica e i suoi torturatori furono costretti, per vendetta, a vegliarla tutta la notte al lume tremolante dei ceri. Fu una veglia funebre di terrore: il mattino seguente, quando i sedici titini furono fucilati dai tedeschi, tre di essi erano impazziti.

Alla memoria di Norma, la cui famiglia lamentava altri sette infoibati, nel dopoguerra venne un riconoscimento autorevole. L'Università di Padova, su proposta di Concetto Marchesi e con l'unanimità del Consiglio della facoltà di lettere e filosofia, le conferì la laurea *honoris causa*. In quell'occasione, qualcuno obiettò che Norma non meritava tale riconoscimento perché «non era caduta per la libertà», ma Concetto Marchesi, benché militante comunista, affermò che Norma Cossetto era caduta per l'italianità dell'Istria e che meritava più di chiunque altro quel riconoscimento.

Il rituale del cane nero

Le atrocità di cui fu vittima Norma Cossetto non furono purtroppo un'eccezione, ma la regola. Tutte le donne venivano violentate prima di essere infoibate e tutti gli uomini subivano sevizie indescrivibili. Gli aguzzini si accanivano soprattutto su quelli che avevano svolto una funzione pubblica: un antico rimprovero, un favore negato, una prepotenza erano sufficienti per decretarne la condanna a morte. I più odiati erano, per esempio, i messi comunali, forse perché distribuivano casa per casa le cartelle delle tasse e le ammende. I titini ne faranno strage.

Ma i miliziani rossi non guardavano tanto per il sottile. L'essere italiano era già per loro una colpa, il resto non contava. Antonio De Bianco era un partigiano, ma finì infoibato a Tegli solo perché difendeva le sue origini italiane. Anche Nicola Carmignani era comunista, ma subì la stessa sorte per le stesse ragioni. La fantasia dei massacratori non aveva limiti: don Antonio Tarticchio, parroco di Villa di Rovigno, fu ritrovato nudo in una foiba con una corona di filo spinato in testa e i genitali in bocca. Giuseppe Cernecca, di Santi Vincenti, dopo essere stato bastonato a sangue fu condotto sul luogo dell'esecuzione carico di un sacco di pietre. Prima di infoibarlo lo lapidarono. Altri due suoi fratelli furono arrestati ad Albona e condotti alla morte legati col filo di ferro, ma prima dell'esecuzione un carceriere, mosso a compassione, spezza il filo e libera il più giovane dei due: «Basta tuo fratello», gli dice prima di lasciarlo andare.

In questa cupa tragedia, talvolta sono le omonimie o il caso a determinare la sorte delle persone. È quanto accade a Giovanni Verzini, arrestato perché scambiato per suo zio che porta lo stesso nome e che, tra l'altro, è già rinchiuso nel castello di Montecuccoli a Pisino dove vengono concentrati i prigionieri che poi una «corriera della morte» porterà all'ultima destinazione. Zio e nipote si incontrarono nel carcere e due giorni dopo, quando un carceriere chiama Giovanni Verzini invitandolo a uscire («*Ti xe libero, ti pol andar a casa*») il giovane supplica lo zio di non rivelare lo scambio: «*Son da poco sposado, lasa che coro a veder mia moglie, ti ti xe solo, ti pol spetar un giorno*». Ignora che i titini usano ingannare in tal modo i condannati a morte per non allarmarli. E così il giovane finisce nella foiba al posto dello zio il quale, pochi giorni dopo, sarà liberato con gli altri dai tedeschi.

Il caso invece non aiuta altri passeggeri che la «corriera della morte» porta nel loro ultimo viaggio alla «foiba dei colombi» presso Vines. Mentre attendono la morte sull'orlo del baratro, un'autocolonna tedesca transita poco lontano. Si sente il rombo dei motori e qualcuno dei prigionieri urla e chiede aiuto, ma i titini lo zittiscono con la minaccia delle armi, poi li uccidono ad uno ad uno a colpi di pugnale per non fare rumore.

Per impedire ogni possibile opera di ricerca e di identificazione delle vittime, di solito i prigionieri venivano spogliati e le aperture delle foibe erano occultate con della sterpaglia o ostruite con frane provocate da mine o lancio di bombe a mano. Un altro macabro rituale caratterizzava questi orrendi massacri: dopo l'infoibamento delle vittime veniva lanciato sul mucchio dei cadaveri un cane nero vivo. Secondo un'antica leggenda balcanica, l'animale «latrando in eterno toglieva per sempre agli uccisi la pace dell'aldilà».

«Liberati» dai tedeschi

«Finalmente arrivano loro!» Non ci fu italiano in terra d'Istria che non tirò un sospiro di sollievo e non levò al cielo un commosso ringraziamento vedendoli apparire. Certo, in nessun'altra parte d'Europa era mai accaduto a dei soldati tedeschi di essere accolti come liberatori. Ma in Istria è accaduto anche questo. In quei giorni d'ottobre ancora impregnati di tepore estivo, quei soldati dall'inconfondibile elmo d'acciaio, avvolti in tute mimetiche e minacciosi come dèi guerrieri, in molti villaggi trovarono gente sorridente che offriva vino e frutta mentre le campane suonavano a festa e qualche raro tricolore sopravvissuto pendeva dalle finestre con tutti e tre i colori bene in vista.

Dopo un mese di cupo terrore, l'incubo si era finalmente dissolto. In seguito, molti scopriranno di essere caduti dalla padella nella brace, ma ora era un giorno di festa e il senso di sollievo si diffondeva anche fra le numerose famiglie slave che avevano assistito mute e impotenti alle violenze ed ai saccheggi compiuti dai loro connazionali. Su tutti comunque gravava il pensiero della sorte toccata agli scomparsi. Che ne era stato di loro? Molti, i più fortunati, erano stati liberati dai tedeschi dalle carceri improvvisate che i miliziani avevano allestito nei castelli, nelle scuole, nelle chiese. Ma gli altri?

Durante il mese del terrore, non c'erano state esecuzioni pubbliche. Anzi, quando arrestavano qualcuno, i titini erano soliti rassicurare i familiari che si trattava di pure formalità: dopo gli interrogatori, tutti sarebbero tornati a casa. Pochi conoscevano la destinazione dei viaggi notturni compiuti dalla «corriera della morte» e pochi assistevano ai processi sommari celebrati dal «boia di Pisino» Ivan Motika o da altri «giudici del popolo». Anche quando i tedeschi si stavano avvicinando e i titini avevano svuotato in fretta le carceri, si era pensato che i prigionieri fossero stati deportati altrove, in luoghi più sicuri dell'interno. Nessuno immaginava le orrende carneficine che venivano compiute ai bordi delle foibe o nelle cave di bauxite sparse per la campagna.

Col ritorno della normalità e il perdurare dell'angoscia dei parenti dei *desaparecidos*, a poco a poco l'atroce verità venne a galla. I primi sospetti erano stati sollevati dalle timorose ammissioni di contadini abitanti in sperduti casolari che raccontavano di avere udito il crepitio delle raffiche di mitra durante le loro notti insonni. E le grida disperate e i lamenti delle vittime che sembravano provenire da sottoterra e che spesso si prolungavano per ore ed ore senza che nessuno avesse il coraggio di andare in loro soccorso. Poi giunsero le drammatiche testimonianze dei pochi fortunati che fingendosi morti, oppure afferrandosi a qualche appiglio, erano riusciti a sopravvivere all'infoibamento.

Tuttavia, queste notizie, ancora confuse, che parlavano di massacri collettivi, vennero sulle prime accolte con stupore e incredulità soprattutto nei centri che erano stati occupati dai tedeschi subito dopo l'8 settembre. Nessuno insomma voleva credere a quegli orrori ritenendoli frutto di qualche fantasia malata o di una strumentalizzazione propagandistica messa in atto dai fascisti e dai tedeschi. Solo più tardi, quando iniziarono le operazioni di ricupero, si scoprì che la realtà era peggiore di quella che si era immaginata. Le fotografie di quei mucchi di cadaveri ricuperati dalle foibe, nudi, mutilati e irriconoscibili, testimoniavano la presenza di un'oscura minaccia che gravava ancora su tutti gli italiani della Venezia Giulia. Quelle esecuzioni di massa, che purtroppo proseguiranno anche dopo la fine della guerra, non potevano essere interpretate (come qualcuno, anche in Italia, si sforzerà di fare negli anni successivi) come una risposta, o una vendetta, del gruppo etnico slavo ai soprusi o alle vessazioni subite. La sproporzione era evidente a tutti. Doveva trattarsi di qualcosa di più: di un progetto preciso di «pulizia etnica» per estirpare gli italiani dall'Istria uccidendoli o costringendoli a fuggire.

Parte seconda

L'ADRIATISCHES KÜSTENLAND

La riconquista dell'Istria

Wolkenbruch, nubifragio, era il nome convenzionale dell'operazione messa a punto dai tedeschi per riconquistare l'Istria e la Dalmazia di cui le forze di Tito si erano facilmente impadronite dopo l'8 settembre del 1943. Essa scattò ai primi di ottobre, contemporaneamente da Trieste, Pola, Fiume e dagli altri centri costieri di cui i germanici si erano assicurati il possesso dopo la capitolazione italiana. Tre divisioni SS corazzate e due divisioni di fanteria, di cui una composta da soldati turkmeni, giunte in appoggio delle forze preesistenti, si avventarono nell'interno come un vero nubifragio di fuoco lasciando dietro di loro il consueto, desolante strascico che caratterizzava tutti i rastrellamenti: rovine, villaggi in fiamme, impiccagioni e massacri di innocenti. I partigiani jugoslavi non tentarono neppure di resistere e fuggirono in massa verso le montagne della Croazia e della Slovenia trascinandosi dietro centinaia di prigionieri italiani che poi saranno eliminati brutalmente nel corso della ritirata. Le loro perdite furono molto pesanti: circa 15.000 fra caduti e prigionieri.

La rapidità con la quale i tedeschi portarono a termine l'«Operazione *Wolkenbruch*» fece sì che entro il 15 ottobre l'intera regione poteva considerarsi riconquistata. O meglio, conquistata dalle forze armate germaniche e trasformata in una nuova provincia del Terzo Reich: l'*Adriatisches Küstenland*, il Litorale Adriatico.

Già prima dell'8 settembre, e prima ancora della caduta

di Mussolini, l'Alto comando tedesco aveva preso in considerazione l'eventualità dell'uscita italiana dal conflitto ed aveva messo allo studio le misure necessarie per garantire i confini meridionali del Reich: i valichi alpini del Brennero e le vie di comunicazione che attraverso la Venezia Giulia raggiungevano i Balcani. Era già quindi in embrione l'idea di creare due nuovi «Länder» dipendenti a tutti gli effetti da Berlino: uno comprendente il Trentino e l'Alto Adige, l'altro il Friuli, l'Istria e la Venezia Giulia. La capitolazione italiana affrettò l'esecuzione del progetto e il nostro «tradimento» ne fornì anche la giustificazione. Il 10 settembre, la Cancelleria del Reich decideva ufficialmente la costituzione dell'*Alpenvorland* con capitale Bolzano e dell'*Adriatisches Küstenland* con capitale Trieste. Il primo fu affidato al Gauleiter del Tirolo Franz Hofer, l'altro all'austriaco Friedrich Rainer, Gauleiter della Carinzia.

La liberazione di Mussolini dal Gran Sasso, operata dai paracadutisti tedeschi il 12 di settembre, creò subito delle complicazioni. Nell'entourage hitleriano tutti erano a conoscenza dei sentimenti che il Führer provava per il suo amico italiano e temevano che, col suo ritorno al potere, questi potesse indurlo a ritrattare le sue decisioni. D'altra parte, la neonata Repubblica Sociale faceva suo punto d'onore la difesa dell'integrità della patria. Infatti, nella sua Carta costituitiva, si leggeva fra l'altro: «Fine essenziale della politica estera della RSI dovrà essere l'unità, l'indipendenza, l'integrità della Patria nei termini marittimi e alpini segnati dalla natura, dal sacrificio del sangue e dalla Storia».

Le preoccupazioni dei consiglieri del Führer si rivelarono ben presto avventate. Hitler infatti si dimostrò irremovibile su questo argomento e Mussolini dovette giocoforza rassegnarsi a subire anche questa umiliazione dal suo alleato-padrone. In data 29 settembre, il ministro per la Propaganda Joseph Goebbels annotava nel suo *Diario intimo*: «Il Führer è felicissimo di poter ancora incontrarsi presto col Duce. Parlando coi Gauleiter Hofer e Rainer ha detto, tuttavia, che la nostra politica nei confronti dell'Italia non deve essere mutata. Ne sono lietissimo. Avevo già temuto che la ricomparsa del Duce potesse mutare le cose. Sembra invece che il Führer sia determinato a persistere nella durezza». E alcuni giorni dopo Goebbels aggiungeva: «Col Führer ho affrontato una questione seria e importante domandandogli fin dove intenda espandere il territorio del Reich (*oltre all'Alto Adige e al Litorale Adriatico*). Secondo la sua idea, noi dovremmo avanzare fino ai confini del Veneto e il Veneto stesso dovrebbe essere incluso nel Reich in forma autonoma. Il Veneto dovrebbe essere disposto ad accettare questa condizione tanto più facilmente in quanto il Reich, dopo la guerra vittoriosa, potrebbe fornirgli il movimento turistico al quale Venezia attribuisce la massima importanza. Anch'io considero una simile linea di frontiera come la sola pratica e desiderabile».

«Trieste saluta Vienna, Vienna saluta Trieste»

Il 15 ottobre 1943 nasceva ufficialmente l'*Adriatisches Küstenland* che comprendeva Udine, Trieste, Gorizia, Pola, Fiume inclusi i territori di Buccari, Ciabar, Casta e Veglia. Già il nome scelto dai tedeschi per la nuova regione aveva allarmato i cittadini giuliani che nutrivano sentimenti di italianità. *Adriatisches Küstenland* era infatti lo stesso nome che indicava quella zona ai tempi del dominio asburgico. Ma questo era appena l'inizio. L'austriaco Rainer manifestò apertamente le sue intenzioni di rendere nuovamente austriaco il paese, ora lusingando la ricca borghesia locale che rimpiangeva i fasti e la buona amministrazione imperiale, ora cercando di evidenziare il contrasto fra la politica nazista e quella antislava e snazionalizzatrice praticata fino allora dal regime fascista. Fece infatti affluire dalla Carinzia maturi funzionari austriaci che già avevano ricoperto cariche sotto il dominio asburgico, dispose che le lingue tedesca e slava tornassero ad essere lingue ufficiali al pari di quella italiana e la loro conoscenza fu resa indispensabile nei concorsi e nell'esercizio delle funzioni pubbliche. Furono anche incoraggiate e finanziate le pubblicazioni in lingua slava e aiutati i circoli culturali croati e sloveni. Nella nomina dei prefetti e delle altre autorità si adottò la procedura di collocare al fianco di ogni funzionario italiano un vicario slavo o tedesco. Il multilinguismo entrò di rigore in tutte le scuole pubbliche. Gli *stranieri*, ossia gli italiani residenti nella Repubblica Sociale, dovevano munirsi di passaporto per recarsi a Udine o a Trieste. Ogni segno esteriore della presenza italiana nel Litorale venne gradualmente cancellato. Fu anche proibita l'esposizione del tricolore e questo provvedimento colpì persino i gagliardetti e le insegne dei reparti militari della RSI che operavano al fianco dei tedeschi nella regione. Anche i tricolori esposti alla frontiera con la Croazia furono ammainati per sempre. L'opera di snazionalizzazione assunse anche aspetti di vera e propria provocazione antitaliana come quando, per esempio, con la scusa che poteva rappresentare un punto di riferimento per l'aviazione alleata, a Capodistria venne abbattuto il monumento dedicato all'eroe della prima guerra mondiale Nazario Sauro. A Gorizia, invece, il monumento ai nostri Caduti fu demolito da una carica di tritolo collocata da elementi slavi protetti dalle SS.

Se nelle zone d'operazione gli occupanti tedeschi si rivelarono feroci e spietati come altrove, a Trieste soprattutto il Gauleiter Rainer si adoperò, e in parte riuscì, ad accattivarsi le simpatie di quegli strati della popolazione che, dopo il ventennio fascista, rimpiangevano l'ordine e l'efficienza dell'amministrazione austriaca. Come scrive Glauco Arneri, in alcuni ambienti economici si cominciò persino a vagheggiare un felice ritorno del porto di Trieste alle fortune del passato.

Persistendo nella sua politica «morbida» Rainer riaprì i saloni del palazzo del governo ai veterani della prima guerra mondiale che avevano combattuto contro l'Italia e che per tanti anni avevano dovuto tenere nascoste le loro decorazioni militari. I triestini mutilati o decorati dell'esercito austriaco poterono nuovamente esibire le loro medaglie e il Gauleiter dispose anche che fosse loro elargito un congruo sussidio. Tutte le sere la radio locale mandava in onda una fortunata trasmissione intitolata *Trieste saluta Vienna, Wien gruesst Triest* che riempiva di nostalgia l'animo dei triestini con i valzer, le polche e le marce militari della loro giovinezza.

Questa politica non poteva non incontrare il favore degli esponenti dell'alta finanza e della grande industria triestina, che avevano sempre considerato Trieste in funzione dello sbocco al mare del Centroeuropa e che speravano in una soluzione della guerra che restituisse alla città il suo ruolo di porto principale dell'Austria.

Un cacciatore di ebrei approda sul Litorale

Sul piano militare e poliziesco, l'«uomo forte» del Litorale Adriatico era Odilo Globocnik, Gruppenführer delle SS, equivalente al grado di generale. Egli era nato a Trieste nel 1904 e, malgrado il sangue misto e il cognome sloveno, era riuscito ad attribuirsi tutti i crismi della «purezza ariana». Parlava italiano con accento triestino, ma si era formato in Austria dove la sua famiglia si era trasferita dopo la fine della prima guerra mondiale. Nazista della prima ora, a trent'anni, dopo l'Anschluss, era stato nominato Gauleiter di Vienna. Protetto da Himmler (che lo fece balzare dal grado di sottotenente a quello di generale) l'oriundo triestino aveva fatto una strepitosa carriera nelle SS. Uomo dissoluto, ambizioso e spietato, si era distinto in Polonia come esperto cacciatore di ebrei. Aveva partecipato al «programma eutanasia» (la liquidazione dei deboli e degli storpi) e aveva diretto con agghiacciante efficienza il campo di sterminio di Treblinka.

Trasferito a Trieste col compito principale di catturare gli ebrei che la bonaria amministrazione fascista aveva risparmiato, Odilo Globocnik si impadronì ben presto anche dell'organizzazione militare. Ignorando le proteste del governo di Salò, appena assunto l'incarico egli aveva disposto che i cittadini della regione fossero esentati dal rispondere alle chiamate alle armi della RSI. Ci si poteva arruolare nell'esercito fascista solo volontariamente. E i volontari, pur non essendo fascisti, per la verità, non mancarono: molti giovani infatti indossarono l'uniforme della Guardia Nazionale Repubblicana (GNR) non solo per evitare di essere chiamati a servire nell'esercito tedesco, ma anche per difendere l'italianità della loro terra. I tedeschi, comunque, si limitarono a chiamare le classi dal 1920 al 1928 per il «servizio del lavoro» nell'Organizzazione Todt.

La GNR era nata, nell'ambito della ricostituzione delle forze armate della RSI, dalla fusione della Milizia Volontaria con l'Arma dei carabinieri, per svolgere compiti che andavano dalla pubblica sicurezza alla lotta antipartigiana. Dipendeva direttamente dal ministero degli Interni del governo di Salò. Nel Litorale, comunque, la GNR non sopravvisse a lungo. Proprio per eliminare ogni interferenza italiana, il comando tedesco decise più tardi di scioglierla e ordinò ai suoi aderenti di confluire nella neonata «Milizia Difesa Territoriale» (MDT), salvo i carabinieri e la Guardia di finanza cui erano affidati compiti diversi. La MDT operava alle dipendenze del comando SS ed era inquadrata nella *Landschutz*, la polizia territoriale di cui facevano parte, con parità di competenze, anche le varie formazioni di slavi che si erano schierati con i tedeschi. Vi figuravano infatti cetnici «legali», domobranci sloveni, belagardisti cattolici, ustascia croati e varie formazioni di altri confusi movimenti scaturiti dal ginepraio della guerra civile jugoslava. La convivenza fra i vari reparti era naturalmente molto difficile. Gli scontri fra le varie etnie erano all'ordine del giorno e spesso degenerarono in conflitti sanguinosi. Ma benché divisi fra loro da odi ancestrali, i collaborazionisti slavi si trovavano sempre d'accordo quando si trattava di infierire sugli italiani. «Grazie alla politica livellatrice di ogni nazionalità praticata dai tedeschi» riferiva l'ispettore Giuseppe Gueli al capo della polizia di Salò «sloveni e croati trovano il modo di manifestare tangibilmente il loro odio secolare contro gli italiani.» E concludeva: «Armati per combattere i partigiani comunisti, essi svolgono al contrario tutta la loro attività nel combattere gli italiani perché tali».

Per completare il quadro poliedrico e multietnico che caratterizzava il complesso delle forze operanti nel Litorale adriatico, non si possono ignorare altre unità poste in essere dal Gruppenführer Odilo Globocnik. Due delle quali assumono un aspetto molto particolare in quanto testimoniano il venir meno ai principi di «purezza razziale» cui i nazisti avevano dovuto rinunciare per l'esaurimento del «materiale umano» provvisto dei cervellotici crismi di *arianità* richiesti a chi intendeva arruolarsi nelle SS. Si tratta di una divisione SS composta di volontari bosniaci di religione musulmana (a costoro era persino consentito di pregare due volte al giorno col volto rivolto alla Mecca) e della 24ª *Waffen Division SS «Karstjager»*, ossia la divisione «Cacciatori del Carso», di cui facevano parte sloveni, tirolesi e italiani dell'Istria. Alcuni reparti di quest'ultima unità si distingueranno per aver continuato a combattere fino al maggio 1945, dopo che tutte le altre forze tedesche operanti in Italia si erano arrese agli Alleati.

Il processo di snazionalizzazione del Litorale raggiunse il culmine quando Odilo Globocnik fece confluire nel Goriziano, in Carnia e nell'Alto Friuli l'armata cosacca dell'atamano collaborazionista Piotr Krassnoff (autore del noto libro *Dall'Aquila imperiale alla Bandiera Rossa*). Circa 15.000 uomini seguiti dalle rispettive famiglie e da un corteo di carriaggi cui fu affidato un vasto territorio denominato *Kosakenland*.

La Decima Mas sul confine orientale

Un discorso a parte merita la X Flottiglia Mas del comandante Junio Valerio Borghese, l'unico reparto italiano che mantenne nel Litorale le caratteristiche nazionali e l'autonomia.

Costituita alla Spezia il 9 settembre 1943 per iniziativa del principe romano, la «Decima» raccoglieva attorno a sé, oltre ai numerosi volontari, anche parte dei veterani dei mezzi d'assalto protagonisti delle leggendarie imprese compiute a Malta, ad Alessandria e a Gibilterra contro le unità navali della *Mediterranean Fleet*. Nel complesso delle forze armate della RSI questa struttura militare godeva anche in Italia di uno *status* speciale che le consentiva un'autonomia di comando sia rispetto al governo di Salò sia nei confronti dei tedeschi coi quali manteneva un rapporto di parità senza interferenze politiche. Lo storico Renzo De Felice la indica infatti come «il punto di riferimento per coloro che all'idea fascista anteponevano la difesa dell'onore nazionale e dei confini, contro *tutti* i nemici dell'Italia interni ed esterni...».

Il carattere nazional-patriottico che Borghese era riuscito a conferire alla «Decima» spiega il consenso che essa ottenne soprattutto in Venezia Giulia dove raccolse moltissimi volontari fra la gioventù di origine italiana.

Come racconta lui stesso nelle sue memorie, l'idea di trasferire le sue forze ai «confini orientali della patria» era stata suggerita a Borghese da un allarmante dispaccio dell'agenzia britannica «Reuter» del 21 agosto 1944, nel quale si annunciava che il governo jugoslavo del Maresciallo Tito «reclama tutte le regioni abitate da elementi slavi che non fanno ancora parte della Jugoslavia, e cioè: Gorizia, Trieste, Pola, Fiume, Zara, le isole dell'Istria e della costa dalmata già facenti parte dell'Impero austro-ungarico prima della guerra 1915-18». La nota della «Reuter» proseguiva rilevando che il conte Carlo Sforza, ministro del governo del Regno del Sud aveva osservato che «almeno Trieste potrebbe rimanere italiana magari con il porto internazionalizzato», ma che il governo di Tito «non intendeva transigere sull'assoluta sovranità jugoslava sulla città».

L'arrivo della divisione «Decima» forte di 6.000 uomini,

tutti italiani e comandati da ufficiali italiani, fu naturalmente accolto con sollievo dalla popolazione italiana del
Litorale. Il «Movimento Giuliano» guidato da Nino Sauro,
figlio dell'eroe di Capodistria, che si adoperava fra enormi difficoltà per mantenere vivo lo spirito nazionale, si
schierò entusiasticamente al fianco dei nuovi arrivati, ma
l'accoglienza dei tedeschi si rivelò subito ostile.

La presenza di una forza autonoma italiana nel Litorale
Adriatico non rientrava nei progetti di snazionalizzazione
portati avanti dal Gauleiter austriaco. Rainer infatti cercò
con ogni mezzo di intralciare l'azione della «Decima»
frapponendo ostacoli anche umilianti e provocando numerosi incidenti. A Gorizia, per esempio, i tedeschi inter-
vennero in armi per impedire l'esposizione della bandiera
italiana davanti al comando, in osservanza degli ordini di
Rainer che vietavano l'uso del tricolore nell'intera regione. Ne seguì un clamoroso parapiglia al termine del quale
i soldati germanici furono circondati e disarmati dai marò
del battaglione «Barbarigo». L'incidente si chiuse con la
restituzione delle armi dopo che i tedeschi si erano scusati
«per il deplorevole equivoco».

In seguito, vari reparti della «Decima» poterono essere
dislocati lungo il Litorale. A ciascuno di essi fu assegnato
di proposito un nome simbolico: la compagnia «Gabriele
D'Annunzio» a Fiume e a Zara, la compagnia «Nazario
Sauro» a Pola, il battaglione «San Giusto» a Trieste. Furono anche costituite una scuola sommozzatori a Portorose,
una base di sommergibili tascabili a Pola e una base dei
mezzi d'assalto a Brioni. Tuttavia, quando il comandante
Borghese giunse a Trieste deciso a compiere un'ispezione
dei reparti, le autorità germaniche gli imposero di non
muoversi dalla città. Lui disobbedì e si recò ugualmente a
Pola e quindi a Fiume dove lo raggiunse un ordine di cattura emanato dal Gauleiter. L'arresto non fu eseguito per
evitare uno scontro a fuoco, ma Borghese dovette rientrare in Italia.

In Dalmazia la situazione risultava più drammatica che in Istria a causa «dell'indescrivibile male cagionatoci dall'*alleata* Croazia» come riferiva a Mussolini un rapporto del ministro degli Interni. Ma anche per l'intensificarsi dei bombardamenti aerei. Zara era stato l'obiettivo principale dei bombardieri alleati che, nel novembre del 1944, dopo 54 incursioni quasi consecutive, l'avevano ridotta ad un mare desolato di rovine. Le ragioni di questo accanimento contro la città dalmata sono spiegabili col fatto che Tito era riuscito a convincere i comandi alleati che Zara era la base da cui partivano tutti i rifornimenti alle forze tedesche distribuite nei Balcani e che pertanto andava distrutta. In realtà Zara non aveva alcuna importanza strategica, non era un nodo stradale, non c'erano depositi militari ed era controllata da appena un centinaio di tedeschi. E allora? La risposta è contenuta in una relazione citata dallo storico istriano Oddone Talpo secondo la quale «la tragica opera di distruzione fu provocata da Tito più per cancellare le orme secolari di italianità che per veri e propri scopi bellici».

Sia a Zara che a Spalato, oltre che difendersi dai partigiani e dai bombardamenti, gli italiani dovevano fare i conti con gli ustascia. Impadronitosi della Dalmazia, Ante Pavelić aveva dato vita a una furiosa campagna antitaliana. Aveva introdotto la kuna al fianco della lira, aveva annullato tutti i debiti dei cittadini croati verso le banche italiane e aveva sequestrato tutti i beni e le attività dei nostri connazionali. Successivamente, gli italiani furono anche privati della cittadinanza: dovettero chiedere un «permesso di soggiorno» per continuare a vivere nelle loro case e furono privati delle tessere annonarie indispensabili per acquistare viveri e generi di conforto.

Un estremo tentativo per salvare l'italianità di Zara fu compiuto nel marzo del 1944 da alcuni ufficiali della «Decima» che svolsero una missione nella zona col proposito di arruolare volontari e svolgere un'azione di propaganda. Malgrado la situazione difficilissima, la missione ebbe un relativo successo. Moltissimi italiani risposero infatti all'appello. Considerando l'arruolamento alla stregua dell'«ultima spiaggia», corsero alle armi persino i ragazzi, come il tredicenne Sergio Endrigo, destinato a diventare un cantante famoso. La compagnia «D'Annunzio», cui era affidata la difesa di quell'ultimo lembo di patria, sarà quasi interamente massacrata dai partigiani di Tito.

Pavolini è trattato come «l'ultimo ministro albanese»

Il dramma della Venezia Giulia angustiava Mussolini, il quale doveva assistere impotente alla snazionalizzazione di quelle terre che ci erano costate 600.000 morti e sulle quali si basava gran parte della retorica fascista. Tutti i suoi sforzi per farsi restituire le province italiane inglobate nell'*Adriatisches Küstenland* erano stati frustrati. Frustrato era stato anche il suo tentativo di far pervenire agli italiani di Dalmazia degli aiuti in denaro e frustrato il suo progetto di inviare a Zara le navi-ospedale *Italia* e *Gradisca* per trasferirli in patria. I tedeschi, che adoperavano quelle navi per il trasporto del sale, gliele avevano rifiutate.

Nel gennaio del 1945, per compiere l'estremo tentativo di far pervenire almeno un messaggio di solidarietà agli italiani delle terre annesse, Mussolini decide di inviare nel Litorale il segretario del Partito fascista repubblicano Alessandro Pavolini. Sarà un viaggio pieno di rabbia e di umiliazioni.

Pavolini visita Udine, le valli del Natisone dove imperversa la guerriglia, poi scende a Gorizia e prosegue per Trieste, Pola e Fiume. Dovunque, l'inviato del Duce incontra difficoltà e sospetti. Le autorità germaniche gli fanno capire chiaramente che è un ospite indesiderato. A Pola lo bloccano addirittura alle porte della città e gli vietano l'ingresso con la scusa di ragioni militari. A Fiume, per poco, i marò della «Decima» che lo scortano non aprono il fuoco contro i tedeschi. Reso omaggio ai caduti per la causa fiumana nel tempio votivo di Cossala, Pavolini può tuttavia chiamare a rapporto i federali della Venezia Giulia. Il risultato è un lamento generale contro le angherie dei tedeschi e degli ustascia. La situazione peggiora a Trieste. Il Gauleiter Rainer non vuole riceverlo nella veste di ministro del governo italiano, ma come semplice segretario del partito, così l'incontro va a monte. Più tardi, Pavolini è invitato al pranzo in suo onore offerto da un certo Rogalski in rappresentanza del Supremo Commissariato. Ma quando vi giunge, scopre di essere l'unico italiano presente e, per giunta, apprende che si tratta di un pranzo offerto dal «camerata» Rogalski al «camerata» Pavolini. Nulla di ufficiale, insomma. Lui, offeso, abbandona la sala protestando, mentre quelli che restano si rallegrano per averlo trattato come «l'ultimo ministro albanese».

Pavolini si sfoga più tardi parlando nel teatro Verdi, affollatissimo di italiani. Urla: «Talvolta, in questa vostra trincea avanzata che è Trieste, all'estremo di lunghe strade isolate dai bombardamenti, per le comunicazioni scarse e per altri motivi che conoscete, vi è accaduto di sentirvi lontani dalla Patria. Ebbene, io posso dirvi una cosa sola: nessuno più di voi triestini e gente della Venezia Giulia è vicino al cuore di Mussolini...».

Alte grida inneggianti all'italianità di Trieste accolgono le sue parole. Dal loggione urlano ripetutamente «Viva l'Italia! Abbasso il Litorale Adriatico!». I tedeschi si indignano per queste provocazioni e in segno di protesta cancellano tutti gli altri incontri fissati da Pavolini. Al quale non resta altro da fare che rientrare a Salò infuriato e deluso. Il suo desolante rapporto a Mussolini si chiude con queste parole amare: «La fiaccola sta purtroppo spegnendosi».

Una scelta difficile

Non era facile per un italiano farsi partigiano in Venezia Giulia. Questo è un altro aspetto della tragicità della situazione giuliana. Mentre altrove i giovani, per sfuggire ai fascisti e ai nazisti, trovavano rifugio nelle formazioni partigiane che si andavano formando spontaneamente sulle montagne, nel Litorale Adriatico non esisteva questa scelta. Arruolarsi nelle bande di Tito significava infatti assoggettarsi ad un altro temibile nemico dell'Italia. Ecco spiegato perché, salvo gli illusi che credevano nella fraternità dei popoli, o i militanti comunisti usi ad obbedire ciecamente alle direttive di Mosca, nessun giovane di sentimenti nettamente italiani poté farsi partigiano in Venezia Giulia.

In altre regioni della Jugoslavia la situazione era diversa e *diversi* erano gli italiani che facevano parte del corpo d'occupazione. Per gli alpini piemontesi o per i fanti siciliani che dopo l'8 settembre erano stati abbandonati al loro destino dal comando supremo, si trattò semplicemente di un cambiamento di fronte. Ora i nuovi nemici erano i tedeschi che facevano strage dei loro ufficiali e deportavano le truppe verso i campi di internamento della Germania e della Polonia.

Molti di loro, per stanchezza, per convinzione o per opportunismo consegnarono le loro armi alle formazioni titine o scelsero volontariamente di condividere la loro lotta contro l'invasore. A Spalato, duecento carabinieri e centinaia di militari di altre armi, dopo avere rifiutato di arrendersi ai tedeschi, passarono coi partigiani dando vita al battaglione «Garibaldi» il quale, unito al battaglione «Matteotti» sorto spontaneamente in Bosnia, formerà la brigata «Italia». Mentre nel Montenegro, dopo sanguinosi scontri con i tedeschi e con i cetnici, le divisioni «Venezia» e «Taurinense», forti di 16.000 uomini, confluirono nella brigata partigiana «Garibaldi» nella quale, tuttavia, gli jugoslavi inquadrarono soltanto 5.000 italiani. Gli altri furono volutamente distribuiti in varie unità comandate da ufficiali slavi. Lo smembramento dei reparti italiani e la loro dispersione fra le altre formazioni partigiane diventò in seguito una regola. Tanto è vero che, salvo rare eccezio-

ni registrate nel periodo iniziale della lotta armata, alla
conclusione del conflitto nessuna formazione autonoma
italiana risulterà presente sul territorio.

Il disegno politico degli jugoslavi risulta oggi piuttosto
chiaro: essi volevano il controllo assoluto della guerriglia
per non contrarre con gli italiani dei debiti di riconoscenza che potevano essere rivendicati in futuro. Ma allora
questo disegno era abilmente occultato da una martellante propaganda incentrata sulla lotta comune contro il nazifascismo e la fratellanza dei popoli che non mancò di ingannare i molti italiani i quali offrirono un alto contributo
di sangue alla guerra di liberazione jugoslava. Dei 40.000
che vi parteciparono, più di 20.000 non ne fecero ritorno.

In Venezia Giulia, come si diceva, la situazione era diversa. Le bande slovene e croate che avevano invaso l'I-
stria subito dopo l'8 settembre, con la loro sanguinosa
campagna sciovinistica avevano terrorizzato tutti gli italiani, fascisti e non fascisti, tanto da indurli a salutare i tedeschi come liberatori quando questi scatenarono la loro
controffensiva. Poi, anche i tedeschi rivelarono il loro vero
volto e la mai risolta questione nazionale si ripropose in
termini altamente drammatici.

Fu proprio per questa ragione, e non per una convinta
adesione ideologica, che molti istriani si schierarono con il
fascismo repubblicano risorto timidamente nella regione.
Quegli uomini in armi, e particolarmente i marò della «Decima», rappresentavano, tutto sommato, l'unica forza di-
sposta a battersi per difendere l'italianità di quel territorio
contemporaneamente ambito dai tedeschi e dagli slavi.

Non fu facile neppure la scelta di coloro che si arruolarono nelle bande partigiane spinti dagli ideali socialisti o,
più ingenuamente, perché convinti che quella era la strada della libertà e della democrazia. Per una strana beffa
del destino, come osserva Gaetano La Perna che ha vissuto in questa contraddizione, sia gli uni che gli altri non
raggiunsero i loro obiettivi. I primi, i fascisti, dovettero
ben presto fare i conti con la prospettiva di finire inglobati

nel Terzo Reich in caso di vittoria germanica. I secondi, comunisti, socialisti, democratici, appena entrati nelle unità partigiane non tardarono a comprendere di essere diventati strumenti del nazionalismo slavo. Un giudizio storico sul comportamento degli italiani della Venezia Giulia non può prescindere da queste considerazioni.

Il primo gruppo armato, tutto italiano, che partecipò alla Resistenza, fu la «Brigata Proletaria Triestina». Il nome scelto già rivela la sua posizione ideologica. Era infatti composta da operai e studenti comunisti di Trieste e Monfalcone e la comandava Vinicio Fontanot, esponente di un'eroica famiglia operaia monfalconese che sacrificherà molti suoi figli alla lotta di liberazione.

Protagonista di sanguinosi scontri con i tedeschi, più volte decimata e più volte ricostituita, anche la «Proletaria» dovette alla fine assoggettarsi al volere dell'EPLJ (Esercito popolare di liberazione jugoslavo) e, spinta in questo senso dalla direzione del Pci clandestino, passare alle dirette dipendenze del IX Korpus sloveno. Per distinguersi dalle altre formazioni le fu soltanto concesso di adottare il tricolore italiano con una stella rossa al centro. Una bandiera che diventerà più tardi il simbolo della minoranza italiana nella Repubblica federale jugoslava.

Partigiani italiani fucilati dai titini

Altre formazioni di comunisti italiani incontrarono sorti peggiori. Gli slavi infatti non esitavano a passare per le armi quei comandanti che rifiutavano di sottoporsi al loro controllo. È quanto è capitato, per esempio, al «Battaglione Giovanni Zol», che pretendeva di ricevere ordini solo dalla federazione triestina del Pci. Accusati sbrigativamente di «insubordinazione al superiore comando jugoslavo» tre esponenti del Battaglione, Giovanni Pezza, Umberto Dorino e Mario Zezza, furono condannati a morte. Pezza e Dorino furono immediatamente fucilati, Zezza riuscì a salvarsi in circostanze fortunose.

Ancora più tragica e beffarda fu la sorte toccata al capitano dei carabinieri Filippo Casini. Trentenne, genovese, da poco coniugato con la venticinquenne Luciana, Casini era tutt'altro che comunista, ma il contatto con esponenti della Resistenza l'aveva convinto che la lotta comune contro l'oppressore tedesco poteva servire per salvaguardare l'italianità di quella terra istriana cui era profondamente legato.

In qualità di comandante del Gruppo carabinieri di Pola, il capitano Casini, il 2 luglio del 1944, passò coi partigiani con tutti gli uomini al suo comando che erano più di cento. Pochi giorni dopo fu raggiunto anche dalla moglie Luciana, una giovane polesana che voleva seguire il destino del marito. E fu un destino orribile. Poco tempo dopo, gli slavi non tardarono a far capire che chiunque combatteva al loro fianco doveva condividere anche le loro pretese annessionistiche. Il capitano, naturalmente, non si assoggettò a questa imposizione, col risultato che gli slavi lo deferirono rapidamente davanti a un «Tribunale del popolo» che lo condannò a morte unitamente alla moglie Luciana che aveva voluto restare al suo fianco. Furono fucilati entrambi il 14 agosto del 1944, poco più di un mese dopo il loro speranzoso arrivo fra i partigiani.

Privati della guida del loro comandante, i carabinieri che lo avevano seguito furono dispersi fra i vari reparti e impiegati lontano dall'Istria. Non si conosce la loro sorte. Al capitano Filippo Casini è stata concessa la Medaglia d'oro al valor militare.

Entra in scena l'Einheit «R»

L'impegno rappresentato dall'intensa attività di guerriglia delle forze partigiane, che operavano sui monti e sugli altipiani del Litorale Adriatico, non aveva distolto i tedeschi dall'estendere anche nella nuova *provincia* del Reich l'esecuzione del programma della «Soluzione finale del problema ebraico». Nell'ottobre del 1943, subito dopo la costituzione dell'*Adriatisches Küstenland*, il generale SS

Globocnik aveva provveduto a costituire a Trieste l'*Einheit* «R», un reparto speciale di *cacciatori* di ebrei che avevano già operato ai suoi ordini nel campo di sterminio polacco di Treblinka. Si trattava di un centinaio di uomini, in gran parte ucraini che ancora vestivano l'uniforme dell'esercito russo, i quali, agli ordini di ufficiali e sottufficiali delle SS, avevano il compito di «predisporre le misure necessarie che più tardi dovevano essere attuate per l'eliminazione degli ebrei». Tali misure, come è facile immaginare, consistevano nell'individuazione e nella cattura degli ebrei, nonché nel sequestro dei loro beni mobili ed immobili. Successivamente, l'*Einheit* «R» distribuì i suoi distaccamenti a Fiume, Udine e Castelnuovo d'Istria. A Trieste il comando aveva la sua sede nella risiera di San Sabba, un vecchio, tetro e ampio edificio che a suo tempo era servito per il processo di essiccazione del riso greggio e che i tedeschi avevano adattato come luogo di reclusione.

Appena assunto il comando della polizia del Litorale, il Gruppenführer Globocnik aveva immediatamente provveduto a sciogliere il Consiglio della comunità ebraica ed a chiudere la sinagoga, ma aveva anche dovuto constatare che gran parte della «preda» si era messa in salvo. Già prima dell'inizio della guerra, le famiglie più importanti della comunità ebraica triestina, che allora contava più di cinquemila persone, avevano scelto di espatriare, mentre moltissime altre si erano *mimetizzate* sotto altre generalità trovando rifugio presso amici o in zone di campagna considerate meno pericolose. Anche gli ebrei che erano stati internati sotto il regime fascista avevano approfittato della confusione che si era venuta a creare dopo la caduta di Mussolini e la proclamazione dell'armistizio per fuggire dai campi e per riparare altrove, in buona parte in Svizzera. Gli ebrei rimasti sul posto, quasi tutti molto anziani o molto poveri, avevano cercato di darsi un nuovo volto, magari facendosi battezzare o ricorrendo ad altri espedienti che non gli avrebbero evitato comunque l'arresto e la deportazione.

Secondo lo storico Pier Arrigo Carnier, che ha svolto a questo proposito ricerche molto approfondite, gli uomini dell'*Einheit* «*R*» catturarono oltre 300 ebrei i quali, dopo essere stati concentrati nella risiera, vennero deportati nel castello di Hartheim nei pressi di Linz, in Austria, dove furono gassati e quindi bruciati nei forni crematori. Secondo altri storici, invece, molti ebrei sarebbero stati uccisi e bruciati nella stessa risiera, la quale viene oggi indicata come l'unico campo di sterminio nazista funzionante in Italia. Ma su questa controversa vicenda avremo modo di ritornare.

L'operazione antisemita messa in atto dai nazisti fruttò anche un ricco bottino. In diverse delle splendide ville triestine appartenenti agli ebrei facoltosi che avevano scelto l'espatrio, i tedeschi, dopo averle sequestrate e adibite a residenza per gli alti ufficiali, provvidero ad asportare ogni cosa di valore: collezioni artistiche, mobili antichi, quadri d'autore e altri oggetti preziosi. Parte di questa refurtiva finì in Germania ad abbellire le case dei gerarchi nazisti, il rimanente fu ritrovato dopo la fine della guerra depositato nei magazzini del porto. Anche una quindicina di aziende appartenenti a famiglie israelite venne sequestrata e messa in liquidazione. Il denaro ricavato fu introitato dal governo del Litorale.

Il «dottor Manzoni» cacciatore di ebrei

L'uomo che aiutò i nazisti a catturare gli ultimi ebrei rimasti in città si chiamava Negri (il nome non si conosce) ed era anche lui ebreo. Un ebreo rinnegato, naturalmente, che nascondeva la sua vera natura dietro l'apparenza di un distinto gentiluomo dalle maniere corrette ed accattivanti. Era oriundo polacco e la sua famiglia si era trasferita dalla Galizia a Trieste quando la città faceva ancora parte dell'Impero asburgico. Il suo cognome originario era Schwarz, ma era stato successivamente tradotto in Negri per via delle leggi fasciste.

Il Negri, che preferiva presentarsi come «dottor Manzoni», aveva preso contatto con il comando delle SS subito dopo l'8 settembre per chiedere di essere arruolato nei servizi segreti. Come credenziale, aveva offerto ai nazisti un elenco di nomi, coi relativi indirizzi, di 180 famiglie ebree triestine che più tardi, dopo essere stato assunto col grado di ufficiale, sarà egli stesso autorizzato ad arrestare. L'abietto personaggio operava in coppia con la sua amante, una triestina trentenne di cui non si conosce il nome, e riceveva dai nazisti una sorta di taglia per ogni ebreo catturato. Anche il padre del Negri, un vecchio sarto galiziano, partecipava a suo modo all'impresa: suo figlio lo aveva fatto insediare all'interno della risiera come direttore di un laboratorio di sartoria nel quale i prigionieri erano impegnati a confezionare uniformi per i soldati tedeschi.

Dopo aver rastrellato il Litorale, i tedeschi affidarono al «dottor Manzoni» anche delle missioni segrete nella *Duce-Italien*, come loro chiamavano la Repubblica Sociale. Operò infatti a Milano, a Padova, a Venezia e in altre località rastrellando decine di ebrei, quasi tutti superiori ai settant'anni, violando in tal modo le effimere leggi della RSI secondo le quali le persone anziane non potevano essere imprigionate. In molte occasioni, la diabolica coppia approfittò della propria posizione per compiere truffe od estorcere somme di denaro ai malcapitati che finivano nelle loro mani.

Come il famigerato «Generale Della Rovere», di cui Indro Montanelli raccontò le gesta in un libro che Roberto Rossellini trasformò in un film interpretato da Vittorio De Sica, anche il «dottor Manzoni» era solito presentarsi nelle case degli ebrei che egli stesso aveva fatto arrestare per estorcere somme di denaro in cambio della promessa di una impossibile liberazione. A Venezia, la sua amante riuscì addirittura a farsi consegnare degli oggetti preziosi da una giovane ebrea, in procinto di partorire, con la promessa di risparmiare l'arresto a lei ed al suo bambino. Saranno invece deportati entrambi verso l'ignoto.

L'attività criminale del «dottor Manzoni» durò praticamente fino al termine del conflitto anche se, negli ultimi
tempi, i tedeschi stessi si mostravano scandalizzati per il
suo ignobile comportamento. La sua fine va collocata in
quei giorni drammatici in cui i comandi tedeschi evacua-
rono la città di Trieste ormai minacciata dalle armate di Tito. I suoi superiori lo condannarono a morte con l'accusa,
piuttosto curiosa, di avere violato le leggi della RSI che
vietavano l'arresto degli ebrei di età superiore ai settant'anni... In realtà, sia lui che la sua amante erano dei testimoni troppo pericolosi e per questo andavano eliminati. Il Negri venne ucciso secondo i metodi della Gestapo
con un colpo di pistola alla nuca. La sua amante fu fatta
strangolare da un ausiliario ucraino. I loro corpi vennero
bruciati all'interno della risiera.

La risiera «contro» le foibe

La risiera di San Sabba fu veramente l'unico campo di
sterminio nazista funzionante in Italia? Certamente non lo
fu nel senso atroce e apocalittico che questo termine ha assunto nella memoria collettiva. E comunque non entrò
mai in funzione. Ma ora non si intende procedere alla conta dei morti e accodarsi a coloro che, con calcoli complicati quanto inutili, cercano di dimostrare che le vittime del-
l'Olocausto non furono sei milioni, ma cinque o quattro.
Come se cento o mille o un milione di morti in meno potessero attenuare le responsabilità degli aguzzini nazisti
di fronte alla storia. Si intende invece tentare di fare un
poco di chiarezza in quel fitto polverone polemico e stru-
mentale che da oltre mezzo secolo nasconde la macabra
gara fra foibe e risiera e fra chi cerca di accostare, distinguere o contrapporre l'una all'altra barbarie.

Nel Litorale Adriatico i tedeschi si comportano brutalmente come in ogni altro territorio occupato. Gli italiani
delle città e dei borghi occupati dai titini, che li avevano
salutati come liberatori, non tardarono a rendersi conto di

essere caduti dalla padella nella brace. E fu un lungo incubo costellato di razzie, rastrellamenti, attentati e sanguinose rappresaglie. Le esecuzioni sommarie e le pubbliche impiccagioni furono innumerevoli. A Opicina, a seguito di una bomba fatta scoppiare in un cinema, vennero fucilati 70 ostaggi italiani e sloveni. I loro cadaveri furono poi gettati in una foiba del Carso. A Trieste, dopo un attentato dinamitardo alla *Soldaten Heim*, la Casa del soldato, 51 triestini furono impiccati in via Ghega ed esposti al pubblico per giorni e giorni in un agghiacciante spettacolo. Altre esecuzioni pubbliche si registrarono in via Massimo d'Azeglio, a Prosecco, al gasometro di Trieste e in molte altre località. Nel frattempo, centinaia e centinaia di ebrei, partigiani slavi o italiani venivano rinchiusi fra le cupe mura della risiera. L'edificio era stato trasformato in un vero e proprio lager con tutte le sue tragiche caratteristiche: ampi cameroni con file di letti a castello, stanze di tortura, piccole celle in cui il prigioniero era costretto a rimanere in piedi e tante altre diavolerie che la diabolica fantasia dei carnefici nazisti era riuscita ad escogitare. I sorveglianti erano in gran parte ucraini e provenivano da Treblinka dove avevano appreso le tecniche di sterminio mediante gassazione che i tedeschi avevano adottato nei campi di annientamento.

Nella risiera tuttavia non esisteva un impianto di gassazione e non risulta che al suo interno si siano verificate esecuzioni di massa. Funzionava invece un rudimentale forno crematorio che i *veterani* di Treblinka avevano ricavato da una vecchia caldaia usata per l'essiccazione del riso. In questo forno furono certamente cremati molti cadaveri, ma gli ebrei detenuti nella risiera e destinati all'Olocausto furono deportati nei campi di sterminio dell'Austria e della Polonia. Nella risiera furono compiute solo esecuzioni individuali e i cadaveri venivano poi bruciati nell'annesso forno crematorio, il quale fu anche usato per incenerire i resti di prigionieri deceduti per cause naturali e quelli di ostaggi o partigiani fucilati altrove. Si ricorda,

per esempio, che nella primavera del 1944 una cinquantina di cadaveri di partigiani slavi fu trasportati su un au-
tocarro dall'Istria per essere cremati nella risiera.

Dalla cinica deposizione davanti a un tribunale alleato
di Franz Suchomel, un ufficiale delle SS che operò a Treblinka e poi nella risiera, si apprende che il forno del lager
triestino «non tirava bene» perché l'operazione «deve avvenire sopra una graticola dove il tiraggio provenga dal
di sotto...». Insomma la risiera non era Treblinka. Non si
usava carburante, ma semplice legna da ardere e comunque, sono sempre parole dell'aguzzino nazista, «i cadaveri degli uomini bruciavano meno bene di quelli delle donne...».

Un quadro sia pure sommario della vita all'interno del
lager triestino, lo si può ricavare anche dalla lettura di
quanto scrive Bruno Piazza, un partigiano italiano sopravvissuto alla deportazione. Scrive Piazza: «La risiera
di San Sabba, una grande costruzione con enormi cameroni dal soffitto a travature di legno, con annesso forno crematorio che serviva ai tedeschi per incenerire le loro vittime, era stata adibita dalle SS ad anticamera per la raccolta
delle vittime destinate ai campi di sterminio in Germania... In una settimana, da quando sono qua dentro, ne ho
sentito uccidere trenta, tutti partigiani. Passi cadenzati nel
cortile. Spari di rivoltella. Latrato di cani. Silenzio... Nonostante tutto, il soggiorno alla risiera era preferibile alla
deportazione. Almeno eravamo ancora nel nostro paese...
Il mio trasferimento, lo seppi dopo, aveva un'enorme importanza. Era una misura che doveva più tardi salvarmi
la vita ed evitarmi l'asfissia e il forno crematorio. Passavo
infatti dalla categoria dei detenuti razziali alla categoria
dei detenuti politici e mentre per i primi, se superiori ai
cinquant'anni, c'era il crematorio subito dopo l'arrivo al
campo, per i secondi, abili o no, il campo di lavoro, ed erano esclusi dall'asfissia e dal forno crematorio... Gli ebrei
della risiera, un'ottantina di persone fra uomini, donne e
bambini, vengono chiusi in due carri dietro il nostro. Fra

loro riconosco il dottor Vivante e il signor Elio Mordo, che avevo lasciato nella risiera il giorno prima... I due vagoni in cui si trovano gli ottanta ebrei della risiera sono, a differenza del nostro, ancora chiusi...».

Nell'immediato dopoguerra, sull'onda di voci popolari, si diffuse l'opinione che la risiera fosse stato un campo di sterminio come quelli di Treblinka, Auschwitz o Mauthausen. Ma tale voce non trovò conferma al processo di Lubiana intentato dal Tribunale militare jugoslavo contro il Gauleiter Rainer che poi si concluderà con la sua condanna alla pena capitale. (Quel processo si svolse nel luglio del 1947 e fu celebrato a Lubiana perché all'epoca Trieste era considerata dagli jugoslavi una città della Slovenia di cui Lubiana era capitale.) Nei numerosi capi d'accusa rivolti contro Rainer non si fa infatti alcun riferimento al «campo di sterminio» della risiera. Anzi, nella sentenza si legge che i campi di sterminio verso i quali venivano deportati i partigiani e i politici catturati nel Litorale Adriatico erano quelli di Dachau, Auschwitz e Mauthausen. E allora? Ma non è questo il punto. Il fatto che la risiera sia stata un campo di sterminio o un campo di «transito» verso lo sterminio, non rivestirebbe alcuna importanza se non fosse per le successive strumentalizzazioni politiche che si scatenarono attorno a questo interrogativo.

La penosa *querelle* esplose clamorosamente sulla stampa in occasione del trentesimo anniversario della Liberazione. Fino a quel momento gli italiani sapevano poco o nulla delle foibe e, tanto meno, della risiera. L'argomento era «tabù» o, come si usa dire ora, non politicamente corretto. Delle foibe non si parlava (e purtroppo si è continuato a non parlarne) neppure sui libri di scuola. Il ricordo delle vittime veniva coltivato solo in ambienti ristretti della diaspora giuliana per opera dell'Associazione Caduti senza Croce. Anche le cerimonie commemorative erano confinate nell'ambito religioso e promosse abitualmente da monsignor Antonio Santin, l'eroico vescovo di Trieste che nei duri anni della guerra aveva affrontato con identica determinazione sia i tedeschi, sia i fascisti, sia i comunisti. L'ufficialità non si era mai fatta viva.

Alcuni anni più tardi le autorità governative dichiararono la risiera «monumento nazionale», equiparandola alle Fosse Ardeatine, con la precisazione che si trattava dell'«unico campo di sterminio nazista funzionante in Italia». Inascoltate furono invece le proposte avanzate dalle associazioni giuliane affinché fossero dichiarate monumento nazionale anche le foibe di Basovizza e Monrupino, le uniche rimaste in territorio nazionale dopo la delimitazione dei nuovi confini.

La polemica fra le due parti tornò ad infuriare anche in seguito. Da un lato si insisteva che le foibe, «luogo di dolore e di desolazione», dovevano essere equiparate alla risiera e alle Fosse Ardeatine «perché un crimine commesso da chi ha perso o da chi ha vinto rimane sempre tale». Dall'altro si sosteneva l'incompatibilità di confronto fra gli eccidi della risiera e quelli delle foibe perché dettati i primi da un disegno genocida e i secondi dallo scatenarsi di «una spirale di secolari reciproche prevaricazioni fra le nazionalità contrapposte».

Si giunse così al 25 aprile del 1975 quando, in occasione del trentesimo anniversario della Liberazione, giunse a Trieste il presidente della Repubblica Giovanni Leone. Anche in tale occasione, le foibe furono ignorate. La cerimonia si svolse infatti nel cortile della risiera dove, alla presenza del capo dello Stato italiano, la commemorazione ufficiale fu tenuta da uno sloveno in lingua slovena e quindi incomprensibile per la maggioranza dei presenti. L'episodio, di gusto se non altro discutibile, non mancò di sollevare mormorii di protesta.

Forse per riparare alla gaffe, forse per un moto spontaneo, il giorno seguente il presidente Leone faceva deporre davanti al cippo marmoreo di Basovizza una corona d'alloro recante i fregi della Presidenza della Repubblica. Questo gesto riparatore, se acquietò in parte le proteste dei triestini, fu invece stigmatizzato dagli jugoslavi. Con una rabbiosa nota dell'agenzia ufficiale «Tanjug», il capo dello Stato italiano veniva accusato di avere ceduto alle pressioni dei neofascisti e delle destre e «offuscato le cerimonie del trentennale della Liberazione» onorando «un monumento dedicato ai nazisti e ai fascisti». Poche ore dopo, la corona del presidente veniva asportata da alcuni teppisti slavi e data alle fiamme.

Anche in seguito la diatriba risiera-foibe continuò ad esacerbare gli animi non solo dei triestini. Vuoi per non irritare l'«amica» Jugoslavia, vuoi per evitare contrapposizioni all'interno dell'«arco costituzionale», si preferì oscurare le foibe e illuminare la risiera. Lasciando di conseguenza ai neofascisti (oltre naturalmente i familiari degli infoibati) il compito di coltivare il ricordo di quelle migliaia di italiani che oggi, a ben vedere, devono essere considerati le prime vittime della cosiddetta «pulizia etnica» che è tornata a far sanguinare l'ex Jugoslavia.

D'altra parte, la convinzione che le foibe siano «piene di fascisti» si è andata radicando nel tempo nell'immaginario collettivo degli italiani. Nell'inganno sono caduti anche giornali prestigiosi, come il settimanale «Panorama» che nel giugno del 1982 sollevò un'ondata di proteste definendo semplicisticamente la foiba di Basovizza una «grande tomba di fascisti».

Che l'argomento «foibe» sia stato considerato a lungo un argomento scabroso, lo dimostra anche la maniera contorta con cui si giunse, il 12 giugno 1982, trentasettesimo anniversario della liberazione di Trieste dagli jugoslavi, al riconoscimento ufficiale. Quel giorno, un decreto del ministero dei Beni ambientali, allora retto da Giovanni Spadolini, dichiarava le foibe di Basovizza e Monrupino non «monumento nazionale» ma «monumento di interesse nazionale» con la seguente ambigua motivazione: «Testimonianza di tragiche vicende accadute alla fine del secondo conflitto mondiale; fosse comuni di un rilevante numero di vittime civili e militari, in maggioranza italiani, uccisi ed ivi fatti precipitare».

Alla cerimonia presso la foiba di Basovizza doveva essere presente Giovanni Spadolini, ma all'ultimo momento un improrogabile impegno lo trattenne a Roma. Fu sostituito dal sottosegretario all'Industria sen. Rebecchini. Come racconta Roberto Spazzali, che ha dedicato allo scabroso argomento un volume di oltre seicento pagine, la celebrazione sottotono dell'avvenimento fu commentata amaramente dalla stampa locale. Dopo avere ricordato che l'anno prima il presidente Sandro Pertini, in visita ufficiale a Trieste, aveva reso gli onori alla risiera, ma si era «dimenticato» di Basovizza, un giornale riferì che alla cerimonia «non c'era una fanfara o una banda, non un picchetto militare a rendere gli onori ai tanti militari che giacevano nel fondo del baratro. Non si ha notizia che dal Quirinale o da Palazzo Chigi sia giunto per l'occasione qualche messaggio...».

Criticato dal folto pubblico presente fu anche il rigoroso silenzio osservato nell'occasione dal modesto rappresentante del governo, mentre venne apertamente contestato il discorso dell'oratore ufficiale, on. Paolo Barbi, il quale, come scrissero i giornali, aveva «accomunato le migliaia di vittime delle foibe con i martiri delle Fosse Ardeatine, dimenticando che il responsabile di quest'ultimo crimine sconta da anni la condanna all'ergastolo, mentre i responsabili degli infoibamenti sono stati insigniti di onorificenze al merito della Repubblica italiana...»; Il giornalista si riferiva al colonnello delle SS Herbert Kappler, allora ancora detenuto a Gaeta.

Molti anni dopo, la polemica si riaccese quando la giustizia italiana ottenne l'estradizione dall'Argentina del capitano delle SS Erich Priebke, antico collaboratore di Kappler. I giornali degli esuli giuliani chiesero invano un analogo trattamento per i «Priebke jugoslavi», ossia il «boia di Pisino» Ivan Motika, il croato Oskar Piskulic e i tanti altri infoibatori ancora in vita contro i quali era stata avviata una analoga e tardiva azione giudiziaria.

Due pesi e due misure? Certamente sì. Come si è già

detto, sulle foibe si è quasi sempre taciuto o sorvolato, anche sui libri di scuola, con accenni ambigui e imprecisi. L'esempio più sconcertante ci viene fornito dalla nostra più diffusa enciclopedia universale: la cosiddetta «Garzantina». Se l'aprite alla lettera «F» e cercate la voce «Fosse Ardeatine», troverete una succinta, ma chiarissima spiegazione dell'orrendo massacro compiuto dai nazisti, il 24 marzo del 1944, nelle cave arenarie presso le catacombe di San Callisto, a Roma. Ma se andate a leggere alla voce «foibe», troverete scritto: «*Varietà di doline presenti in Istria*». Punto e basta.

Soltanto nella sesta edizione dell'enciclopedia, quella del 1998, è stato aggiunto quanto segue: «*Tra il 1943 e il 1945 furono teatro di massacri di italiani (da 5.000 a 10.000, secondo stime) da parte delle truppe partigiane del Maresciallo Tito*». Meglio tardi che mai.

Gli italiani soli contro tutti

Foibe o risiera, risiera o foibe. Semplicisticamente, sul finire del 1944, per gli italiani della Venezia Giulia non esisteva altra alternativa. Soli contro tutti, impauriti e disorientati, con la sola prospettiva di passare dall'occhiuta e razionale oppressione dei tedeschi a quella selvaggia ed irrazionale degli slavi, non sapevano più, nel vero senso della parola, a che santo votarsi. L'unico filo di speranza, rappresentato da un possibile sbarco angloamericano nell'Alto Adriatico di cui si era molto vociferato in quegli ultimi mesi, si era definitivamente spezzato. Gli Alleati infatti preferiranno sbarcare nella Francia meridionale per non indispettire Stalin che non voleva intrusi in quella parte d'Europa che già considerava nella sua sfera d'influenza.

Di conseguenza, per i nostri connazionali non si intravedevano vie d'uscita. Da un lato, i pochi reparti armati della RSI ancora presenti nel territorio offrivano una effimera protezione, anche numericamente risibile: poche centinaia di uomini i quali, ad eccezione della Decima Mas, si trovavano in una tale posizione di sudditanza rispetto ai tedeschi da costringere Italo Sauro, uno dei figli dell'eroe che si batterono invano per difendere l'italianità della regione, a pubblicare clandestinamente un giornaletto anti-slavo e anti-tedesco che veniva poi diffuso in Istria fra innumerevoli difficoltà. Dall'altro lato c'erano gli slavi: ustascia, cetnici, domobranci, da una parte, che godevano della protezione dei tedeschi; partigiani titini, dall'altra, che godevano dell'appoggio degli Alleati, ma tutti quanti insieme uniti dall'odio verso gli italiani e dal comune obiettivo di conquistare o annettere, a guerra finita, l'intera regione giuliana fino e oltre il Tagliamento.

Anche fra i comunisti italiani più attenti che, in obbedienza alle direttive del partito, erano confluiti nelle formazioni partigiane jugoslave, le prime perplessità non erano tardate ad affiorare. I comandanti della divisione «Garibaldi-Natisone», la più forte formazione italiana della zona passata agli ordini del IX Korpus sloveno, non mancavano di riferire alla centrale clandestina del Pci i dissensi e gli scontri che sempre si verificavano fra italiani e slavi quando veniva affrontato il futuro della regione. «Si vedono in giro troppe bandiere jugoslave e poche bandiere rosse» commentavano preoccupati i vecchi militanti della Terza Internazionale cui si rizzavano i capelli in capo al solo sentire parlare di «patria», slava o italiana che fosse.

Sui comunisti italiani meno attenti e più portati all'intruppamento, faceva invece presa l'attivissima propaganda basata sull'intimorimento delle popolazioni alle quali in tutti i modi veniva ripetuto che era ormai stabilito che la Jugoslavia, con l'aiuto di Stalin, avrebbe avuto Trieste, Pola, Fiume, Zara e che di conseguenza il trattamento che avrebbero ricevuto gli italiani nel nuovo Stato sarebbe dipeso dal loro comportamento...

Da parte sua, il Pci si schierò apertamente per la linea jugoslava. In una direttiva redatta da Mauro Scoccimarro, allora membro del governo del Sud, si legge: «La Venezia Giulia deve essere conquistata dai partigiani jugoslavi, e dai partigiani italiani che combattono con loro, prima dell'arrivo degli Alleati... I partigiani italiani che combattono con le formazioni jugoslave devono essere considerati a tutti gli effetti partigiani jugoslavi... Nella Venezia Giulia i soli patrioti sono quelli che combattono con gli jugoslavi».

Il Pci, grazie al suo ruolo egemone nella Resistenza italiana, ottenne anche che il CLN Alta Italia, benché consapevole che i comunisti avevano abbandonato il CLN triestino, rivolgesse alla popolazione giuliana il seguente invito: «Date vita ai comitati antifascisti italo-sloveni e italo-croati i quali, oltre a organizzare la lotta contro i comuni oppressori, avranno lo scopo di armonizzare gli interessi dei due popoli. Il vostro dovere è quello di arruolarvi nei reparti italiani che combattono nella vostra regione, al comando del Maresciallo Tito, la comune guerra di liberazione. Le armate del Maresciallo Tito sono una parte dei grandi eserciti vittoriosi delle Nazioni Unite: voi lotterete al loro fianco come al fianco dei fratelli liberatori». In uno slancio di «solidarietà», il CLNAI concesse alle forze partigiane del Maresciallo Tito anche un prestito di tre milioni di lire (la metà del capitale di cui disponeva) che non sarà mai più rimborsato e che resterà privo di qualsiasi contropartita politica.

Il governo del Sud e il «caso giuliano»

Nei primi mesi del 1945, quando ormai le sorti del conflitto erano definite, a Salerno, sede del governo italiano del Sud, gli echi del dramma che stava maturando in Venezia Giulia suscitavano preoccupazioni e sconforto. Conoscendo le mire annessionistiche di Tito e temendo che si ripetessero nei confronti degli italiani le atrocità e gli infoibamenti consumati nell'ottobre del 1943, i nostri governanti avevano invano tentato di giungere ad un accordo diretto con gli jugoslavi. Fallito questo tentativo, avevano cercato di arrivare ad un'intesa con gli Alleati affinché, al momento della disfatta tedesca, procedessero all'occupazione della regione onde impedire o limitare le immancabili ritorsioni jugoslave. Le previsioni, d'altra parte, erano tutt'altro che rosee. Le informazioni che pervenivano da Trieste dipingevano un quadro molto fosco. In un memoriale senza firma, rintracciato da Paola Romano, si legge: «...Può darsi che gli atti di violenza e di estirpazione radicale talora compiuti dai *valorosi* partigiani jugoslavi si siano di recente in parte modificati e che ai sistemi precedenti, verificatisi con terribile gravità principalmente in Istria, siano subentrate norme e discipline più umane. Ma è da considerare il pericolo che, giustificando i mezzi col fine, vengano perpetrati, come i precedenti fanno temere, un vasto eccidio ed in parte una compressione morale e politica della popolazione italiana...».

Previsioni amare, ma puntualmente confermate. D'altra parte, il governo italiano del Sud poteva fare ben poco in favore del «caso giuliano». Considerata la sua posizione di rappresentante di un paese sconfitto, gli Alleati non gli avrebbero mai consentito di interferire nelle operazioni militari. Infatti, il timido tentativo di giungere a un'intesa fu ignorato e gli Alleati si rifiutarono anche di far conoscere le loro intenzioni circa la sorte della regione. Precedentemente, il generale Harold Alexander, comandante britannico delle forze alleate in Italia, aveva a sua volta vietato l'invio di reparti dell'esercito italiano del Sud in difesa della Venezia Giulia.

A questo proposito, per quanto riguarda la questione giuliana, le tre Potenze vincitrici del conflitto mondiale, già prima della fine delle operazioni militari avevano posizioni diverse. Nettamente in favore di Tito era l'URSS poiché Stalin, sottovalutando il carattere e l'abilità politica del Maresciallo, già considerava la Jugoslavia un futuro «satellite» di Mosca. Favorevoli all'Italia erano invece gli Stati Uniti i quali non si erano mai fatti illusioni sulla possibilità di evitare la comunistizzazione della Jugoslavia e, pur respingendo il rischio di farsi coinvolgere in quelle che definivano giustamente «complicazioni balcaniche», miravano a fare dell'Italia un caposaldo contro l'espansionismo sovietico e di Trieste il capolinea delle vie di rifornimento all'esercito americano nell'Europa centrale.

Diversa la posizione inglese. Londra a quell'epoca alimentava ancora una politica imperiale e il Mediterraneo entrava nei suoi interessi. Sperava inoltre di mantenere in vita l'accordo Churchill-Stalin, siglato a Mosca nell'ottobre del 1944 secondo il quale si stabiliva un'influenza paritaria (*fifty-fifty*) dei due paesi sulla Jugoslavia.

Questo sul piano politico, ma non va sottovalutato, come hanno fatto alcuni storici criticando il duro atteggiamento britannico nei nostri confronti, che la Gran Bretagna aveva anche un debito morale nei confronti della Jugoslavia. Winston Churchill non poteva dimenticare le promesse fatte nel 1941, dalla sua isola assediata, ai partigiani slavi che per primi erano insorti contro i tedeschi ormai padroni dell'Europa. È vero che tali promesse Churchill le aveva fatte al generale Mihajlović, ma è anche vero che, in seguito, lo aveva abbandonato per sostenere Tito («uno dei più grandi errori della seconda guerra mondiale» riconoscerà lo stesso Churchill nelle sue memorie). Di conseguenza, Tito si considerava il legittimo beneficiario della «cambiale» britannica, con l'aggiunta che non gli si poteva negare il merito di avere dato un forte contributo alla vittoria sul nazismo. Al contrario, l'Italia era, nell'immaginario collettivo degli inglesi, l'ex paese nemico che, per voce di Mussolini, aveva chiesto a Hitler «l'onore di inviare i propri aerei a bombardare Londra» e che per tre anni aveva duramente combattuto contro l'esercito britannico. Sarà opportuno non dimenticare questi precedenti quando il comportamento degli inglesi a Trieste si rivelerà piuttosto odioso.

Al momento, ossia negli ultimi mesi di guerra, Tito si trovava quindi in una posizione privilegiata rispetto all'Italia. Poteva vantare le sue indiscutibili imprese contro il nemico comune, poteva contare sull'appoggio completo di Stalin e poteva esibire la firma del Maresciallo Alexander in calce a un accordo segreto jugo-britannico in cui veniva stabilito che, dopo l'occupazione della Venezia Giulia, alla Jugoslavia sarebbe stata riconosciuta, in attesa della definizione dei confini, anche l'amministrazione civile di Trieste.

Nel Regno del Sud, constatata l'indisponibilità alleata riguardo la questione giuliana, si era sviluppata l'idea di prendere in qualche modo contatto con gli ambienti meno fanatici della RSI onde predisporre un fronte comune teso a salvaguardare l'italianità della regione giuliana. All'insaputa degli Alleati, e anche della componente comunista del governo, la quale avrebbe certamente stroncato sul nascere ogni apertura in questo senso, vari emissari del Sud furono inviati al Nord per contattare gli esponenti più disponibili della RSI. Ma quasi tutte le missioni naufragarono rivelandosi ben presto velleitarie o, più semplicemente, opportunistiche: i fascisti che si dicevano disponibili risultavano più interessati alla salvezza della propria vita che dell'unità nazionale.

L'unico tentativo degno di nota fu quello compiuto dagli uomini della Decima Mas. D'altra parte, la storia di questo reparto speciale della Regia Marina animato da un alto spirito cameratesco, rendeva i suoi uomini degli intermediari naturali fra il Nord e il Sud. La «Decima» infatti era nata prima dell'8 settembre e, al comando di Valerio Borghese, aveva compiuto azioni memorabili e certamente le più esaltanti della guerra nel Mediterraneo. A Suda, a Malta, ad Alessandria e a Gibilterra, con pochi uomini a bordo di «maiali» o di barchini esplosivi, aveva messo in ginocchio la *Mediterranean Fleet* affondando più navi di quanto era riuscita ad affondarne l'intera Regia Marina in tutta la durata della guerra.

Il sopraggiungere dell'8 settembre aveva spaccato in due anche la «Decima» e ora il troncone del Nord combatteva contro il troncone del Sud sia pure in maniera cavalleresca e quasi goliardica. Capitava, per esempio, che incursori del Sud, penetrati nel golfo della Spezia, compiuta l'operazione lanciassero scherzosi messaggi in bottiglia ai camerati del Nord da essi beffati. Come capitava che quando i marò del Nord catturavano un marò del Sud si facesse festa comune a dispetto della guerra civile in corso. Facile quindi comprendere perché risultava piuttosto semplice stabilire dei contatti fra i due fronti sfruttando dei legami d'amicizia che la guerra civile non era riuscita a spezzare.

«L'uomo venuto dal Sud»

Nel marzo del 1945, quando ormai la situazione militare stava precipitando, gli americani accettarono di «coprire» l'ultimo tentativo di contattare la «Decima» del Nord. La missione fu affidata al triestino Antonio Marceglia, un eroico ufficiale che il 18 dicembre del 1941, con Luigi Durand de la Penne e Vincenzo Martellotta, a bordo di tre «maiali», aveva violato il porto di Alessandria e affondato la corazzata *Queen Elizabeth* (Durand de la Penne aveva affondato la corazzata *Valiant* e Martellotta una grossa petroliera). Dopo questa impresa, per la quale sarà decorato di Medaglia d'oro, Marceglia era stato catturato dagli inglesi e deportato in India, ma in seguito all'armistizio italiano aveva ottenuto di tornare a prestare servizio nella «Decima» del Sud.

Appena ripreso il servizio, Marceglia aveva fondato a Taranto con altri giuliani una associazione patriottica chiamata «Lega Adriatica» il cui scopo, oltre l'assistenza ai militari e civili giuliani dislocati nell'Italia del Sud, era di mantenere saldi i vincoli nazionali e di selezionare gli elementi validi per essere inviati oltre le linee. Il suo obiettivo era quello di creare in Venezia Giulia dei gruppi di resistenza italiana e di costituire un fronte unico nazionale per combattere sia i tedeschi che gli slavi. Scopo della sua missione, per la quale si era offerto volontario, era di contattare, alla Spezia, il suo vecchio comandante, Valerio Borghese, per indurlo ad unirsi con i suoi uomini al fronte unitario per la difesa della regione.

La sera del 27 marzo 1945, Marceglia fuoriusciva da un sommergibile americano giunto in prossimità della costa e, a bordo di un canotto, raggiungeva la spiaggia di Marina di Carrara. Ma qui c'erano i tedeschi ad attenderlo. Catturato e tradotto nel carcere della Spezia, l'«uomo venuto dal Sud» ebbe la possibilità, grazie alla complicità di un secondino italiano, di inviare un biglietto al comando della «Decima» che aveva sede nella vicina caserma di San Bartolomeo. Il messaggio consisteva in due sole parole e la firma: «Sono prigioniero».

L'antica *cameraderie* che legava gli uomini della «Decima» entrò subito in azione: il comandante Mario Arillo, anche lui Medaglia d'oro per le azioni compiute a Gibilterra, ottenne immediatamente la sua liberazione. Il giorno seguente, con indosso la divisa di ufficiale della «Decima» del Nord, Marceglia si incontrava a Venezia con il comandante Borghese. L'«uomo venuto dal Sud» non tardò a rendersi conto che la situazione era ormai disperata. Borghese lo informò che erano stati presi contatti con la brigata «Osoppo», l'unica formazione italiana autonoma ancora operante nella zona, ma che erano stati interrotti per delle ragioni di forza maggiore che, in seguito, avremo occasione di esaminare. Le altre formazioni partigiane contattate da Marceglia si rivelarono sorde al suo appello unitario, mentre il CLN di Trieste gli apparve inefficiente se non addirittura «fantomatico ed inesistente». Ma ecco un brano del memoriale redatto dall'ufficiale triestino al termine della sua missione:

> Borghese mi disse di avere inviato i suoi reparti in Venezia Giulia per proteggere questa regione dalle mire tedesche e slave. Qualche giorno dopo mi condusse a Lonato ove affermò che potevo comunicare al governo del Sud il suo assenso relativamente alle questioni trattate. Non voleva fare causa comune con quelli del Sud ma, dal punto di vista dell'interesse nazionale, era d'accordo.

Mi fornì un lasciapassare ed io andai a Trieste dove mi accorsi che il CLN non aveva forze sufficienti per poter agire al momento opportuno contro gli slavi e i tedeschi. Poi mi spostai a Venezia dove rividi Borghese che mi espose un suo piano che consisteva nel proporre a Mussolini la formazione di un fronte unico per la difesa di Trieste. Ciò però non si poté attuare poiché gli eventi precipitavano...

Completo fallimento, insomma. Ormai per la Venezia Giulia suonavano le campane a morto. Il governo del Sud era impotente e, in parte, rassegnato o favorevole alla cessione alla Jugoslavia dell'intera regione. Nel contempo imperversava una violenta campagna filotitina che negava l'esistenza delle foibe e considerava provocatori fascisti tutti coloro che sollevavano la questione giuliana o che cercavano di sensibilizzare gli esponenti della Resistenza per la difesa dell'italianità di Trieste e dell'Istria.

A questo proposito è significativa una minacciosa lettera del ministro Palmiro Togliatti al capo del governo Ivanoe Bonomi rintracciata negli archivi dallo storico istriano Antonio Pitamitz. È datata 7 febbraio 1945 e vi si legge:

Mi è stato detto che da parte del collega Gasparotto sarebbe stata inviata al CLN Alta Italia una comunicazione in cui si invita il CLNAI a far sì che le nostre unità partigiane prendano sotto il loro controllo la Venezia Giulia, per impedire che in essa penetrino unità dell'esercito partigiano jugoslavo. Voglio sperare che la cosa non sia vera perché, prima di tutto, una direttiva di questo genere non potrebbe essere data senza consultazione del Consiglio dei Ministri. Quanto alla situazione interna, si tratta di una direttiva di guerra civile, perché è assurdo pensare che il nostro partito accetti di impegnarsi in una lotta contro le forze anti-fasciste e democratiche di Tito. In questo senso, del resto, la nostra organizzazione di Trieste ha avuto personalmente da me istruzioni precise e la maggioranza del popolo di Trieste segue oggi il nostro partito. Non solo noi non vogliamo nessun conflitto con le forze di Tito e con le popolazioni jugoslave, ma riteniamo che la sola direttiva da darsi è che le nostre unità partigiane e gli italiani di Trieste e della Venezia Giulia collaborino nel modo più stretto con le unità di Tito nella lotta contro i tedeschi e contro i fascisti.

La strage di Porzus

Nella Resistenza italiana la componente comunista, peraltro maggioritaria, si comportò sempre lealmente con i compagni di lotta che militavano in altre formazioni politiche. Scontri o dissidi fra «rossi» e «bianchi» sono casi isolati e singole eccezioni. La regola era la totale solidarietà e la fratellanza d'armi nella lotta contro il comune nemico. Al contrario, nella Venezia Giulia, causa la particolarità dell'ambiente e la preponderante presenza slava, la convivenza fra partigiani «rossi» e partigiani «bianchi» si rivelò subito molto difficile e fu causa di episodi di efferata gravità.

Oltre al IX Korpus sloveno, forte di uomini e di mezzi, operavano nella regione due divisioni italiane. La «Garibaldi-Natisone» di chiara tendenza comunista e la «Osoppo», composta in gran parte da alpini che portavano al collo un fazzoletto tricolore come palese testimonianza della loro scelta patriottica. Il contrasto fra le due formazioni non tardò a degenerare: i comunisti consideravano i «bianchi» della «Osoppo» alla stregua dei cetnici e dei domobranci. Li ostacolavano in tutti i modi. Lo scontro ideologico esplose clamorosamente quando giunse ai partigiani italiani l'ordine impartito dalla direzione del Pci di passare alle dipendenze del IX Korpus sloveno. Era il 22 novembre del 1944. Pochi giorni prima, Palmiro Togliatti aveva scritto a Vincenzo Bianco («colonnello Krieger»), rappresentante del Pci nel IX Korpus, una lettera in cui spiegava le motivazioni che avevano suggerito alla direzione del Pci l'emanazione di quell'ordine piuttosto sconcertante. «Noi consideriamo come un fatto positivo» scriveva il segretario del Pci «di cui dobbiamo rallegrarci e che in tutti i modi dobbiamo favorire, l'occupazione della regione giuliana da parte delle truppe del Maresciallo Tito. Questo significa infatti che in questa regione non vi sarà né un'occupazione inglese né una restaurazione dell'amministrazione reazionaria italiana, cioè si creerà una situazione profondamente diversa da quella che esiste nella parte libera dell'Italia. Si creerà insomma una situazione democratica.»

L'ordine di integrarsi nell'esercito del Maresciallo Tito non era stato accolto con particolare favore dai partigiani della «Garibaldi-Natisone» ma in seguito, grazie all'intervento dello stesso «colonnello Krieger» e dei dirigenti del Pci friulano, i tremilacinquecento uomini della divisione avevano deciso «entusiasticamente» di passare agli ordini del IX Korpus sloveno. Lo stesso ordine fu invece sdegnosamente respinto dai partigiani della «Osoppo». Il loro comandante, il giovane capitano degli alpini Francesco De Gregori, romano e zio del noto e omonimo cantante, dichiarò con franchezza agli emissari comunisti che i suoi uomini non avrebbero mai sostituito il loro fazzoletto tricolore con quello rosso dei partigiani slavi.

La *vulgata* anticomunista della strage di Porzus attribuisce a questa scelta patriottica la fine del capitano De Gregori e dei suoi compagni. Probabilmente c'era anche dell'altro. Alle spie slave infiltrate nella formazione italiana non doveva essere sfuggito il tentativo degli emissari della Decima Mas di stabilire un dialogo con i comandanti della «Osoppo» allo scopo di creare un fronte antislavo per la difesa dell'italianità del territorio. Di conseguenza, il rifiuto di confluire nel IX Korpus sloveno deve avere creato attorno ai partigiani italiani quel clima di sospetto più che sufficiente, in situazioni del genere, a causare tensioni e reazioni esplosive.

Trascorrono alcuni mesi. Mentre nella federazione comunista di Udine, ormai egemonizzata dagli slavi, sta maturando qualcosa di oscuro, la divisione «Osoppo», decimata da una serie di rastrellamenti, ha stabilito il suo quartier generale fra i boschi di Porzus, nell'Udinese. Il comandante «Bolla» (nome di battaglia di Francesco De Gregori) è impegnato coi suoi più stretti collaboratori (Gastone Valente «Enea», Giovanni Comin «Gruaro» ed altri) alla ricostituzione dell'unità. Di recente si è unita al gruppo una nuova recluta, il ventenne Guido Pasolini, fratello di Pier Paolo. C'è anche una ragazza, Elda Turchetti, che in seguito i comunisti indicheranno come una spia della Decima Mas. Ma probabilmente si trattava di un'intermediaria incaricata di stabilire quei contatti fra «Osoppo» e «Decima» tendenti a creare il fronte comune italiano di cui si è già parlato.

La mattina del 7 febbraio 1945, le sentinelle scorgono sul costone del monte Carnizza un gruppo di uomini armati che salgono alla spicciolata. Sono partigiani garibaldini con la stella rossa sul berretto e il fazzoletto rosso al collo. Li comanda il padovano Mario Toffanin, nome di battaglia «Giacca». Costui spiega alle sentinelle di essere scampato ad un rastrellamento e manifesta l'intenzione di passare coi suoi uomini, circa un centinaio, agli ordini di «Bolla».

Quando lo avvertono dell'accaduto, «Bolla» manda Valente a vedere cosa sta accadendo e più tardi, non vedendolo tornare, scende anche lui verso le postazioni delle sentinelle. È a questo punto che ha inizio una tragedia di cui non si conoscono i dettagli. «Giacca», che ha già disarmato Valente, cattura anche «Bolla» con facilità, poi ordina ai suoi uomini di fucilarli. I loro cadaveri saranno ritrovati sfigurati dalle percosse e dalle pugnalate. Subito dopo, «Giacca» ordina ai suoi di dare la caccia agli altri partigiani «bianchi» che nel frattempo stanno cercando scampo fra i castagni del Bosco Romagno. Uno dopo l'altro, cadono nella trappola tutti gli uomini di «Bolla» tranne uno, l'ufficiale degli alpini Aldo Bricco il quale, benché ferito, riesce a salvarsi correndo a perdifiato giù dalla montagna. Per i prigionieri non c'è scampo: dopo essere stati percossi e sputacchiati, finiscono falciati dalle raffiche dei mitra. Fra gli uccisi ci sono anche Elda Turchetti e il fratello di Pier Paolo Pasolini. In tutto, i morti sono ventidue.

Si consuma così la vicenda più sconvolgente della lotta partigiana in Italia. Una strage fratricida che getta un'ombra nera sulla Resistenza friulana.

L'imboccatura della foiba di Basovizza,
vicino a Trieste.

Venezia Giulia, 1945.
Resti umani estratti da una foiba.

Il recupero di corpi da una fossa comune.

ARMATA JUGOSLAVA	**JUGOSLOVANSKA ARMADA**
Comando Militare di Gorizia	**Komanda Mesta Gorica**

Gorizia, li 7 maggio 1945.

Dne 7. maja 1945.

DECRETO N. 3

Il Principe Arcivescovo di Gorizia, Msgr. Carlo Margotti è stato contrario al movimento nazionale di liberazione e la sua condotta politica poteva fomentare la guerra civile. Perciò

decretiamo:

l'Arcivescovo di Gorizia, Msgr. Carlo Margotti deve lasciare la città di Gorizia e trasferirsi a Udine.

Questo decreto entra in vigore il giorno della sua pubblicazione.

Morte al Fascismo - Libertà ai popoli!

Il Commissario politico - magg.:
JOŽE KUK

Il comandante - magg.:
ACO ZUPANC

ODREDBA št. 3

Goriški princ knezonadškof gospod Karol Margotti se je v času narodno osvobodilne borbe pokazal nasprotnika narodnega gibanja ter je skušal zanetiti državljansko vojno. Zaradi tega

odrejamo:

knezonadškof goriški gospod Karol Margotti mora zapustiti mesto Gorico in se preseliti v Videm. Ta naredba stopa takoj v veljavo.

Smrt fašizmu - Svobodo narodu!

Politkomisar - major:
JOŽE KUK

Komandant - major:
ACO ZUPANC

Il decreto di espulsione contro monsignor Carlo Margotti, arcivescovo di Gorizia.

Maggio 1945. Truppe titine assistono all'ingresso in Trieste della 2ª divisione neozelandese.

Maggio 1945. Il palazzo comunale di Trieste con esposte le bandiere jugoslava, russa, americana, inglese e italiana (al cui centro si intravede una stella rossa).

Il cortile interno della risiera di San Sabba
e il messaggio lasciato sulle pareti di una cella da una famiglia di ebrei.

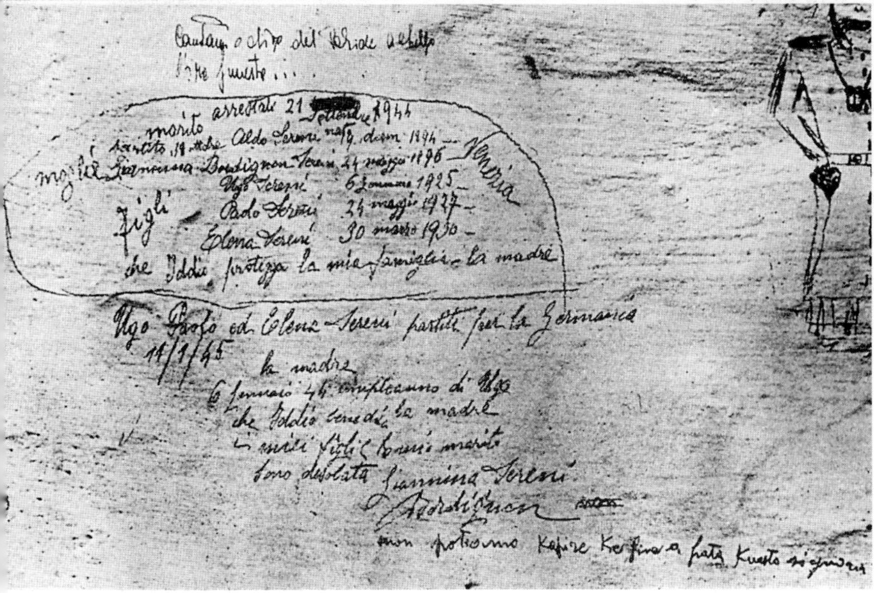

marito arrestato 21 1944
Aldo Sereni nato 19 dicem 1894
moglie Giannina Bordignon Sereni 24 maggio 1896 Venezia
Ugo Sereni 6 gennaio 1925
figli Paolo Sereni 24 maggio 1927
Elena Sereni 30 marzo 1930
che Iddio protegga la mia famiglia la madre
Ugo Paolo ed Elena Sereni partiti per la Germania
14/1/45
la madre
6 gennaio 44 compleanno di Ugo
che Iddio benedica la madre
i miei figli e mio marito
sono desolata Giannina Sereni

Pola, 1945. Scritte murali inneggianti a Tito e a Stalin,
segni dell'occupazione jugoslava.

Pola, febbraio 1947. L'esodo di famiglie italiane.

Ottobre 1954. Gli americani, dopo i patti che sanciscono
il ritorno di Trieste all'Italia, lasciano la città.

Da allora, non è stato ancora possibile fare chiarezza sull'atroce episodio. Nessun testimone è sopravvissuto alla strage. Sappiamo soltanto che Mario Toffanin militava nelle bande di Tito già prima dell'8 settembre del 1943. Era giunto nel Friuli verso la fine del 1944 e, dopo avere preso contatto con la federazione comunista e con il commissario politico della «Garibaldi-Natisone» Giovanni Padoan «Vanni», il 2 febbraio 1945 aveva costituito misteriosamente un battaglione garibaldino che fu sciolto, altrettanto misteriosamente, pochi giorni dopo la strage di Porzus.

Nel dopoguerra, 37 degli autori della carneficina furono identificati, arrestati e processati a Lucca. Condannati complessivamente a 800 anni di carcere, furono ben presto rimessi in libertà grazie all'amnistia voluta da Palmiro Togliatti. «Vanni» e «Giacca», condannati a trent'anni in contumacia, si erano nel frattempo rifugiati in Jugoslavia, poi si trasferirono in Cecoslovacchia. «Vanni» è stato graziato nel 1959, «Giacca» lo è stato nel 1978 per decisione del presidente Pertini. A quest'ultimo è stata anche riconosciuta, con relativi arretrati, una pensione militare di 670.000 lire mensili che l'INPS continua a versargli. Infatti, mentre scriviamo questo libro, Toffanin-«Giacca» vive ancora in Slovenia, a Scoffie, 500 metri dal confine italiano. Non ha mai ripudiato i suoi delitti e reclama dall'INPS anche la pensione della moglie defunta.

La corsa per Trieste

L'atroce episodio di Porzus non sta a significare che la Resistenza italiana in Venezia Giulia sia stata assorbita forzatamente da quella jugoslava. Anche se non mancarono episodi analoghi in cui il settarismo e lo sciovinismo ebbero il sopravvento sulla ragione, nella quasi totalità l'adesione fu volontaria. In primo luogo, perché le migliaia di soldati italiani che dopo l'8 settembre si arruolarono nelle formazioni di Tito erano estranei al contesto giuliano e ne ignoravano le complesse divisioni etniche. In secondo luogo, perché anche gli antifascisti giuliani si lasciarono alla fine affascinare dalla leggenda eroica che ormai circondava il Maresciallo vittorioso, nonché dalla martellante propaganda che garantiva, a guerra finita, una fraterna soluzione di tutti i problemi.

D'altra parte, non esisteva una diversa alternativa. Le forze politiche italiane non erano in grado di dirigere, coordinare e appoggiare le formazioni in campo. Il CLN triestino, disertato dalla componente comunista che altrove rappresentava la forza propulsiva di questi organismi resistenziali, era ridotto ad una semplice figura retorica. Un circolo di garbati signori, socialisti, cattolici, liberali o azionisti, che non offrivano alcuna garanzia per la prosecuzione della lotta in maniera autonoma. Questa situazione consentì ai dirigenti della Resistenza slava di estendere e consolidare la propria egemonia politica e militare nell'intera regione. Col risultato che venne così a mancare, in una parte tanto delicata del territorio nazionale, ogni presenza autonoma italiana nel movimento resistenziale.

L'assorbimento, più o meno morbido, dei partigiani italiani nell'esercito jugoslavo mirava appunto a questo scopo. Gelosissimo della propria indipendenza (la Jugoslavia, come sappiamo, fu l'unico paese dell'Est a liberarsi dei tedeschi senza l'aiuto dell'Armata Rossa), Tito non intendeva spartire con nessuno la liberazione della Venezia Giulia. Tanto meno con gli italiani. Infatti, al momento opportuno, anche le formazioni italiane che operavano agli ordini del IX Korpus sloveno saranno affrettatamente dirottate su altri fronti dell'interno affinché fosse chiaro che a liberare Trieste erano stati soltanto gli jugoslavi.

Le operazioni, che nel giro di poche settimane porteranno le forze jugoslave ad occupare gran parte della Venezia Giulia, erano state precedute da lunghi e complessi negoziati fra gli Alleati e i rappresentanti della Resistenza jugoslava. Al momento dell'armistizio dell'8 settembre, inglesi e americani si erano impegnati ad occupare militarmente tutto il territorio italiano entro «i confini del 1939». Ma in seguito, mentre gli americani si mantenevano sostanzialmente propensi a favorire l'Italia o, in seconda ipotesi, a costituire uno Stato libero di Trieste sotto la guida di un Governo Militare Alleato, gli inglesi non avevano tardato a manifestare una certa disponibilità verso le richieste territoriali jugoslave.

Di questa disponibilità, Tito aveva saputo approfittare con grande abilità. Non a caso, in anni successivi, si vanterà di essere riuscito «a mettere nel sacco quella vecchia volpe di Churchill». A suo favore, oltre le antiche promesse e la presenza presso il suo Stato Maggiore di influenti missioni britanniche che gli consentivano di mantenere un filo diretto con Londra, giocava anche la disposizione strategica delle forze armate alleate in Italia. La 5ª Armata americana, comandata dal generale Mark Clark, stava infatti risalendo lo Stivale sul lato tirrenico, mentre l'8ª Armata britannica procedeva lungo quello adriatico. Ciò stava a significare che le forze partigiane slave avrebbero dovuto incontrarsi con gli inglesi, al termine della loro avanzata verso il nord, e non con gli americani. Questo particolare avrà grande importanza quando prenderà il via la «corsa per Trieste».

Il comandante supremo delle forze alleate nel Mediterraneo era allora il Maresciallo Alexander, inglese, che manteneva con Tito rapporti improntati a stima e rispetto. I due Marescialli si erano incontrati più volte, a Bolsena in Italia e a Belgrado. Fin dai primi colloqui, Tito, dopo avere sottolineato i grandi successi ottenuti, aveva fatto chiaramente intendere che era assolutamente intenzionato a non rinunciare all'opportunità di occupare militarmente la regione giuliana. Dopo vivaci discussioni, Alexander aveva accettato un compromesso: Tito avrebbe consentito che nella Venezia Giulia gli Alleati costituissero un governo militare e questi, a loro volta, avrebbero consentito a riconoscere le amministrazioni civili insediate nella regione dagli organismi slavi. Quel compromesso, per la verità, non tornava gradito agli americani, ma finirono per accettarlo nella convinzione che le operazioni belliche l'avrebbero reso nullo. Erano infatti convinti che le forze alleate sarebbero arrivate prima degli slavi ai confini italiani del 1939.

Invece, nella primavera del 1945, l'evoluzione delle operazioni militari aveva capovolto la situazione. Tito si stava avvicinando a Trieste con rapidità e gli americani cominciarono a preoccuparsi. Ritenevano infatti indispensabile ottenere il controllo della Venezia Giulia per garantire le linee di rifornimento verso l'Austria e l'Europa centrale.

In seguito cominciò a preoccuparsi anche Churchill, il quale si rivolse personalmente al presidente americano Truman affinché fosse affrettata senza indugi la corsa verso Trieste in maniera da conquistarla prima degli slavi. In quell'occasione, Churchill ricordò a Truman anche il noto principio di Stalin, del quale Tito faceva evidentemente tesoro: «Il possesso costituisce i nove decimi del diritto».

Gli Alleati si chiedevano soprattutto come avrebbero dovuto comportarsi nel caso che Tito non avesse mantenuto gli impegni e avesse proceduto all'occupazione militare della Venezia Giulia impedendone l'accesso alle forze angloamericane. Non mancarono a questo proposito vivaci screzi fra Churchill ed Alexander. Al premier britannico che ipotizzava anche l'uso della forza per respingere gli jugoslavi, Alexander rispose con un duro telegramma nel quale, dopo avere espresso dubbi sulla «moralità» di un eventuale ordine in questo senso, rammentava a Churchill che i suoi soldati «nutrono una profonda ammirazione per i partigiani di Tito e sono fortemente solidali con loro. Bisognerà riflettere bene prima di chiedere loro di dimenticare il nemico comune per combattere invece un alleato...».

Dopo uno scambio di opinioni fra Truman e Churchill, i comandanti alleati in Italia furono alla fine invitati a procedere speditamente all'occupazione della Venezia Giulia e ad istituire un Governo Militare Alleato in tutta la regione, comprese Fiume e le isole dalmate, ma con l'esclusione della città di Zara.

La «liberazione» di Zara

Zara era stata la prima città italiana a cadere. Rasa al suolo al 90 per cento da 54 bombardamenti aerei che avevano provocato migliaia di morti, questa città che per lingua e cultura costituiva la più omogenea roccaforte veneziana della costa dalmata, nel novembre del 1944 quando vi entrarono le truppe di Tito presentava un aspetto spettrale. Come si è già avuto occasione di dire, la sua distruzione non era stata dettata da esigenze strategiche. Fazzoletto di terra proteso sul mare, compatta nella sua architettura veneta divisa fra calli e campielli, Zara non era né una base navale, né una fortezza militare ed era completamente isolata nel territorio croato controllato dai titini. Da mesi in stato d'assedio, collegata all'Italia da qualche idrovolante o da qualche battello che riuscivano, con un po' di fortuna, a portare viveri e medicine sempre insufficienti e a evacuare profughi e feriti; dal settembre del 1943 non era più un obiettivo militare: i soldati che la presidiavano si erano dispersi. Restavano un centinaio di tedeschi, qualche centinaio di volontari zaratini inquadrati nelle forze armate della RSI nonché poche decine di guardie di Ps e carabinieri già in contatto con la Resistenza slava dalla quale avevano ricevuto la promessa di un comportamento corretto al momento dell'occupazione della città.

La distruzione di Zara e la dispersione dei suoi abitanti non erano dunque dettate da improcrastinabili necessità di guerra. Per raggiungere questo obiettivo ed eliminare la spina italiana nel fianco della Dalmazia croata, tanto più fastidiosa in quanto profondamente radicata in quella cultura veneziana che anche gli slavi del contado avevano fatto propria, il comando partigiano aveva barato passando agli Alleati informazioni false, affinché fosse rasa al suolo.

Per completare l'opera, quando entrano in città i partigiani distruggono le ultime vestigia veneziane rimaste ancora in piedi: abbattuti i Leoni di San Marco che da centinaia d'anni sovrastavano le sue porte, scalpellati gli altri simboli dell'antica repubblica veneta, in piazza dei Signori, per tre giorni, vengono dati alle fiamme i libri italiani e i preziosi documenti dell'archivio comunale nonché i soliti schedari dell'anagrafe. Per gli italiani sopravvissuti si ripetono le stesse scene del triste rituale genocida che già hanno avuto luogo in Istria. Fucilazioni, impiccagioni, annegamenti. Decine di civili e di carabinieri vengono «massacrati come cani» secondo la testimonianza del tenente Antonio Calderoni, uno dei pochi scampati. Maestri elementari, spazzini comunali, uscieri, commercianti finiscono al muro. Scompare per sempre Pietro Luxardo, il produttore del famoso Maraschino, mentre suo fratello Nicolò viene gettato in mare con una pietra al collo insieme alla moglie Bianca.

Così muore Zara, isola italiana nella Dalmazia croata. Dei 22.000 abitanti, 4.000 sono periti sotto le bombe, 2.000 sono stati uccisi, gli altri costretti in tempi diversi all'esodo. La Zara italiana non c'è più. È una città morta. In definitiva, ha avuto la fine auspicata dal letterato croato Vladimir Nazor, grande poeta e grande sciovinista che si è arruolato volontario settantenne nei partigiani di Tito. Egli aveva scritto: «Spazzeremo dal nostro territorio le pietre della torre nemica distrutta e le getteremo nel mare profondo dell'oblio. Al posto di Zara distrutta risorgerà la nuova Zadar che sarà la nostra vedetta nell'Adriatico».

«Trst je nǎs!», *Trieste è nostra*

«*Lo Zar Nicola ha affisso un manifesto: / ai morti libertà ai vivi arresto*», cantavano i partigiani di Tito entrando trionfanti nella città di Trieste. Poche parole, tutto un programma. Era il 1° maggio del 1945, sui fronti europei cessavano i combattimenti di una guerra durata quasi sei anni, ma nella Venezia Giulia il peggio stava per cominciare. Con uno sconcertante anticipo di ventiquattr'ore, il giorno prima, alle 14,30 Radio Londra aveva già annunciato la liberazione di Trieste da parte delle truppe jugoslave e, subito dopo, Radio Belgrado aveva diramato un bollettino di guerra che confermava la notizia affermando che «tutti i popoli della Jugoslavia salutano unanimemente questo grande successo delle nostre forze armate per la liberazione della nostra Trieste jugoslava...».

La «corsa per Trieste» era cominciata qualche settimana prima, quando gli Alleati si erano resi conto che, per garantirsi i canali di rifornimento per le proprie truppe impegnate in Austria, era diventato essenziale il controllo del territorio giuliano e dei porti di Trieste, Pola e Fiume. Anche Churchill, preoccupato dalla prorompente espansione dell'Armata Rossa in Europa, aveva esercitato pressioni sul più tiepido Alexander affinché, a prescindere dagli accordi con Tito, le forze alleate giungessero per prime a Trieste per non essere posti di fronte al fatto compiuto. Di conseguenza, la 2ª divisione neozelandese dell'8ª Armata britannica, comandata dal generale Bernard Freyberg, era stata lanciata a marce forzate verso l'obiettivo. Ma a causa di una serie di ordini e di contrordini poco chiari e sospetti non giungerà in tempo.

Tito, da tempo deciso a mettere gli Alleati di fronte al fatto compiuto, aveva emanato precise disposizioni affinché fossero trascurati i fronti di secondaria importanza per concentrare tutti gli sforzi per la conquista di Trieste. E per Tito, in quel momento, era di secondaria importanza persino la liberazione del territorio nazionale jugoslavo. Le sue truppe entrarono infatti a Zagabria l'8 maggio e a Lubiana l'11. Fiume e Pola furono liberate il 3 e il 4 maggio.

L'ansietà mostrata dagli jugoslavi di «liberare» parti del territorio italiano prima ancora del loro non ha certo bisogno di spiegazioni. C'è da aggiungere che, per rendere completamente jugoslava la liberazione di Trieste, tempo prima le brigate italiane «Natisone», «Fontanot» e «Trieste», inserite organicamente nel IX Korpus sloveno, erano state trasferite nell'interno per essere impegnate nella liberazione di Lubiana. Solo più tardi, il 20 maggio, per placare le proteste dei garibaldini irritati e delusi, sarà concesso alle tre formazioni di raggiungere Trieste.

Il 1° maggio del 1945 Tito poteva dunque attribuire alle sue forze la liberazione della capitale giuliana anche se, per la verità, Trieste si era già liberata da sola. Il 28 aprile, quando si era diffusa la notizia della resa dei tedeschi in Italia, cortei di giovani avevano percorso le vie cittadine sventolando le bandiere italiane. Nel frattempo, il prefetto fascista Bruno Coceani aveva trasmesso «i poteri» al presidente del CLN triestino Antonio De Berti nel corso di una riunione in prefettura. Successivamente, aveva proposto la costituzione di un fronte italiano antislavo unendo le residue forze della RSI con quelle del CLN. Tale proposta era stata respinta. D'altra parte era impensabile che fascisti ed antifascisti, dopo mesi e mesi di guerra civile, potessero di colpo cancellare tutto ciò che li divideva sul piano politico, sia pure nei superiori interessi della patria. Non va inoltre dimenticato che operava a Trieste anche una componente comunista italo-slovena (peraltro la più combattiva) che avrebbe denunciato quella promiscuità gridando al tradimento.

In quei pochi giorni che precedettero la facile liberazione della città da parte delle truppe titine regnava dunque una grande confusione. Mentre i tedeschi, consapevoli di quale sarebbe stata la loro sorte se fossero finiti nelle mani dei titini, se ne stavano rinchiusi nei loro quartieri decisi ad arrendersi soltanto all'esercito alleato, in città circolavano tre formazioni di insorti non coordinate fra loro. Gli uomini della Guardia civica, militi, carabinieri e Guardie di finanza, che portavano, per distinguersi, un bracciale tricolore; i partigiani italiani del CLN con la coccarda tricolore, e i comunisti italo-sloveni con un berretto con la stella rossa. Fra le tre formazioni i rapporti non erano idilliaci: si verificarono anche degli scontri a fuoco.

In quella situazione del tutto particolare, la posizione del CLN triestino era difficile e delicata. Altrove, nelle città italiane insorte, i vari CLN raggruppavano tutti i partiti antifascisti e, di conseguenza, potevano concordemente coordinare le loro azioni. Al contrario, il CLN triestino, benché abbandonato dai comunisti che avevano fatto causa comune con gli slavi, non poteva non tenere conto del peso politico esercitato dal Pci. In questa contraddizione si celava la sua debolezza, la quale si approfondì ulteriormente quando fu posto di fronte alla scelta: allearsi con i fascisti per combattere gli slavi o affiancarsi al Fronte di liberazione italo-sloveno e accogliere come liberatrici le truppe di Tito.

Dopo un dibattito serrato e convulso, il CLN triestino scelse la seconda soluzione. Influì su questa decisione la speranza, poi risultata vana, che l'arrivo degli Alleati avrebbe frenato o impedito l'occupazione slava della città. La sera del 30 aprile, infatti, ancora non si sapeva chi sarebbe arrivato prima in città e circolavano le voci più disparate. Ad aumentare la confusione aveva contribuito Radio Londra annunciando, alle 14 di quel giorno, la liberazione di Trieste da parte degli jugoslavi. Tale annuncio era stato poi seguito da un messaggio di Palmiro Togliatti il quale, dando evidentemente per scontato l'ingresso in città delle truppe di Tito, inviava ai triestini il suo fraterno saluto raccomandando loro di evitare «ad ogni costo di essere vittime dei provocatori interessati a seminare discordia» fra italiani e jugoslavi. Quella notte, molti triestini non chiusero occhio: l'indomani si sarebbe decisa la sorte della loro città.

Il mattino del 1° maggio, mentre le truppe jugoslave entravano nella città di Trieste, la divisione neozelandese del generale Freyberg raggiungeva Monfalcone già occupata dagli uomini del IX Korpus sloveno. Il primo contatto fra

L'esodo

alleati e titini non fu affatto festoso come si potrebbe immaginare. Gli slavi manifestarono apertamente di non gradire l'ingresso delle forze britanniche nel «loro» territorio e cercarono in ogni modo di ostacolarlo. Solo dopo un nutrito scambio di radiomessaggi fra i comandi superiori e molte ore di discussioni e di accordi segreti (che si rifletteranno sullo sconcertante atteggiamento britannico durante l'occupazione titina di Trieste), Freyberg fu autorizzato a proseguire e poté fare il suo ingresso in città nel pomeriggio del 2 maggio. Il giorno dopo anche Gorizia fu liberata dalle truppe britanniche.

La notizia dell'arrivo delle truppe alleate a Trieste riaccese le speranze della popolazione civile e indusse i tedeschi ancora rinserrati nei loro fortilizi a chiedere la resa. In poche ore, furono raccolti 2.700 prigionieri.

A questo punto, l'«Operazione Trieste» poteva dirsi conclusa dal punto di vista militare, ma gli scontri politici non tardarono ad emergere. Gli slavi, per esempio, pretesero la «restituzione» dei 2.700 prigionieri tedeschi in quanto prelevati da un territorio da loro precedentemente occupato. E anche se può sembrare strano, Freyberg, malgrado l'impegno assunto al momento della resa, acconsentì e consegnò i prigionieri agli slavi che li deportarono, insieme a centinaia di militari della RSI, nei tristemente famosi lager di Abbazia, Susak e Crikvenica. Una sorte peggiore incontreranno le formazioni di ustascia, domobranci e cetnici sospinte in Venezia Giulia dall'avanzata titina.

Neanche il comando militare jugoslavo mantenne le promesse fatte al CLN triestino per indurlo ad aderire al Fronte italo-sloveno. Ma di quanto accadde a Trieste in quei terribili 40 giorni di occupazione jugoslava parleremo più avanti.

Vinta la corsa per Trieste, le forze titine si affrettarono, precedendo gli Alleati, ad occupare militarmente ciò che restava dell'Istria e della Dalmazia. Dovunque si registrarono atrocità contro gli italiani, mentre colonne di disperati si avviavano lungo le vie dell'esodo forzato.

A Fiume, i titini entrarono il 3 maggio dopo avere sostenuto aspri combattimenti con i pochi reparti della «Decima» rimasti a difendere la città dopo la ritirata dei tedeschi. Nel frattempo, Fiume era passata sotto il controllo
dei volontari organizzati dal CLN locale, ma anche questi
furono rapidamente spazzati via. Quando le truppe slave
entrarono in città, la popolazione si chiuse impaurita nelle
case immaginando le intenzioni di coloro che non potevano essere considerati dei liberatori.

I timori purtroppo si rivelarono del tutto fondati. Già
nella notte del 4, durante il coprifuoco imposto dal comando militare, la polizia segreta OZNA, appoggiata da
bande paramilitari capeggiate da un sinistro figuro, il fiumano Oskar Piskulic detto «il Giallo» per il colore della
pelle, si mise all'opera per eliminare i principali elementi
ostili all'annessione. Seguì uno smisurato bagno di sangue. Massacri, infoibamenti, fucilazioni e deportazioni
verso l'ignoto si susseguirono per alcuni mesi fino a quando gli italiani superstiti non abbandonarono le loro case e
i loro averi per trovare rifugio in Italia.

La piazzaforte di Pola fu attaccata il 4 maggio. Il giorno
seguente, le truppe tedesche ricevettero l'ordine di asser-
ragliarsi nei forti per resistere ad oltranza fino all'arrivo
degli Alleati ai quali si sarebbero arrese. I pochi reparti
italiani della «Decima» rimasero invece fino all'ultimo in
difesa delle loro posizioni. Poi, dopo sanguinosi scontri, a
partire dal 6 maggio cominciarono progressivamente ad
arrendersi. La loro sorte, come del resto quella di tutti gli
altri prigionieri, fu terribile. Chi sopravvisse alle foibe e
alle fucilazioni indiscriminate dovette affrontare una durissima prigionia falcidiata dalla fame e dalle malattie.

Nei giorni che seguirono, davanti alla popolazione impaurita di Pola (nella stragrande maggioranza italiana) gli
slavi organizzarono manifestazioni di nazionalismo esa-
sperato fra gli applausi dei comunisti locali. Per giorni interi le vie furono percorse da sfilate militari applaudite a
comando da torme di contadini croati fatti affluire dalle

campagne circostanti. Fu anche costituito un Comitato popolare di liberazione alla cui presidenza fu chiamato un operaio polesano di nome Francesco Neffat il quale, da quel momento, cominciò a firmarsi Franjo Nefat.

Anche a Pola come a Fiume e negli altri centri della Dalmazia e dell'Istria, iniziò la caccia all'italiano. Con un'azione metodica e capillare, durante le ore notturne vennero prelevati dalle loro case centinaia di nostri connazionali. Nonostante le precauzioni, le notizie riguardanti gli arresti, favoriti dalle segnalazioni di volenterosi delatori locali, si diffusero rapidamente creando una crescente atmosfera di sospetto e di panico. Solamente il 12 giugno, dopo la firma dell'accordo Alexander-Tito che stabiliva la consegna agli Alleati delle città di Trieste, Gorizia e Pola, la cittadinanza polesana potrà uscire per il momento da un incubo pauroso durato quaranta giorni.

Pulizia etnica e pulizia politica

Non furono soltanto gli italiani a fuggire la furia scatenata delle truppe di Tito e delle bande paramilitari che le affiancavano. Slavi di diverse etnie che avevano collaborato con i tedeschi o che comunque avversavano il nuovo regime subirono sorti ancora peggiori. I più fortunati furono i cetnici, «legali» e non.

Verso la fine di aprile del 1945, quando era ormai evidente la disfatta nazista, enormi masse di uomini armati con le loro donne, i loro figli e le loro cose affardellate su muli e carriaggi, si erano messi in marcia dalle varie regioni della Jugoslavia puntando verso occidente. Costoro avevano combattuto al fianco dei tedeschi commettendo ogni sorta di efferatezze e ora che la resa dei conti si stava avvicinando speravano di mettersi in salvo sotto l'ala certamente più protettiva degli Alleati. Incalzati dalle truppe di Tito, si aprivano la strada con le armi lasciandosi dietro una scia fumante di villaggi saccheggiati e distrutti.

Verso la fine di aprile, una formazione di cetnici raggiunse le porte di Gorizia scendendo dalla Slovenia. La lunga colonna, composta da circa 20.000 persone, con molte migliaia di uomini armati, raggruppava cetnici in gran parte serbi, ma anche erzegovini, sloveni, dalmati di vario colore politico, che la paura delle rappresaglie titine aveva nuovamente compattato. C'erano infatti cetnici collaborazionisti, cetnici semicollaborazionisti (ossia coloro che avevano accettato di combattere contro i comunisti, ma non contro gli Alleati) e cetnici irriducibili rimasti fedeli a re Pietro e al generale Mihajlović.

Armi in pugno, coltelli lucenti alla cintura e lunghi capelli sparsi sulle spalle, i serbi si avventarono sulle prime case della periferia saccheggiando e infierendo contro i cittadini inermi. Molte donne furono violentate e il panico si diffuse per tutta Gorizia. Nel frattempo, i tedeschi che presidiavano la città si erano ritirati insieme ai reparti della RSI. Rimanevano per fortuna ancora 250 carabinieri, comandati dal tenente Tonnarelli, che avevano continuato a prestare servizio di pubblica sicurezza. I militi, appoggiati dai volontari del CLN locale, affrontarono coraggiosamente la massa degli assalitori. Gli scontri durarono tre giorni, dal 29 aprile al 1° maggio, poi i serbi si ritirarono. Lasciando dietro i segni della violenza, l'orda cetnica si diresse verso il Friuli orientale per accamparsi intorno alla città di Palmanova in prossimità delle linee alleate tenute dai soldati dell'armata britannica. Le trattative di resa si prolungarono per alcuni giorni e furono piuttosto complesse. Mentre gli emissari di Tito reclamavano la loro consegna, i cetnici, dal canto loro, pretendevano di essere riconosciuti come truppe combattenti del generale Draža Mihajlović e di beneficiare del salvacondotto promesso a suo tempo dagli Alleati. Alla fine prevalse il buon senso: gli inglesi, benché consapevoli che si trattava in prevalenza di collaborazionisti, respinsero le richieste titine e, dopo averli disarmati, trasferirono i cetnici in un campo di prigionia nei pressi di Forlì dove rimasero un anno. In seguito saranno lasciati liberi di emigrare in Europa e oltreoceano. Questo trattamento, umano e molto diverso da quello riservato agli altri prigionieri, fu certamente suggerito agli inglesi dal complesso di colpa originato dal «tradimento» consumato a suo tempo contro Mihajlović a favore del Maresciallo Tito.

Ben peggiore fu la sorte degli ustascia croati e dei domobranci sloveni. La falce della «pulizia politica» li mieté come un campo di grano. I morti non si contarono a decine, ma a centinaia di migliaia.

Responsabili di orrende scelleratezze e consapevoli che la vendetta titina sarebbe stata inesorabile, croati e sloveni collaborazionisti si erano rifugiati in massa nelle valli austriache fra Bleiburg e Loibach per arrendersi alle truppe britanniche. Questa volta però gli inglesi si mostrarono irremovibili. Secondo gli accordi di Yalta, gli eserciti vinti dovevano trattare direttamente con i rispettivi vincitori e, di conseguenza, ustascia e domobranci dovevano essere consegnati alle autorità della Repubblica federale jugoslava. Quando questa notizia si diffuse, nel campo dei profughi si verificarono scene strazianti. I suicidi si contarono a migliaia, ma per i superstiti non ci fu scampo. Caricati a forza su vagoni piombati, 300.000 ustascia furono consegnati alle truppe di Tito e avviati verso la Jugoslavia.

Il massacro ebbe inizio subito dopo che fu varcata la frontiera e le cifre dei morti raggiunsero livelli inimmaginabili. Secondo testimonianze raccolte dallo storico Pier Arrigo Carnier, 75.000 croati furono uccisi nei dintorni di Maribor e sepolti in enormi fosse comuni. Gli abitanti del luogo udirono per giorni interi il sinistro crepitio delle mitraglie. Altri 30.000 ustascia furono fucilati nella foresta di Kocevlje. Altre migliaia di croati, ma anche di serbi, montenegrini e sloveni, morirono di stenti durante la cosiddetta «marcia della morte» verso i campi di lavoro situati ai confini della Grecia e della Romania. Pochi sopravvissero alla carneficina. Fra questi il Poglavnik Ante Pavelić, l'unico scampato dei biechi «Quisling» che si schierarono al fianco di Hitler durante la seconda guerra mondiale. Protetto da autorevoli esponenti del clero cattolico croato, Pavelić si rifugiò a Roma nel monastero di San Geronimo e in seguito si trasferì in Argentina. È morto a Madrid nel 1959 attorniato da alcuni fedelissimi ustascia che lo avevano seguito in esilio.

Non diverso da quello degli ustascia fu il destino dei domobranci sloveni. Con fredda determinazione, gli inglesi li restituirono agli jugoslavi che li massacrarono nelle foreste della Slovenia. Secondo stime, le vittime furono più di 12.000. Con loro furono trucidati anche alcune migliaia di collaborazionisti serbi, bosniaci e montenegrini.

Una analoga sorte si abbatté sui cosiddetti *Volksdeutsche*, i presunti oriundi tedeschi che i ricercatori della «razza germanica» avevano rastrellato nel groviglio etnico jugoslavo per farne dei soldati del Reich. Furono tutti liquidati.

Freddamente determinati a rispettare gli accordi di Yalta, i britannici consegnarono ai sovietici anche i 60.000 cosacchi della Carnia e della Croazia che si erano rifugiati lungo il corso dell'alta Drava. Al momento della consegna, centinaia di cosacchi si gettarono nel fiume in un suicidio collettivo. Gli altri furono massacrati o deportati.

Di questo immane sterminio avvenuto in tempo di pace e che fece versare più sangue di quanto ne era stato versato durante l'intera campagna d'Italia, il Maresciallo Alexander non fa alcun cenno nelle sue memorie.

I quaranta giorni di Trieste

Trst je náš!, Trieste è nostra gridavano festanti le turbe di contadini portati in città dalle campagne fra un turbinio di bandiere slovene e di bandiere rosse (ma molto più slovene che rosse), mentre le bande suonavano, i miliziani marciavano e pochi spettatori col fazzoletto rosso al collo applaudivano.

I triestini osservavano sgomenti, da dietro le imposte,

queste rumorose manifestazioni che si susseguivano anche due o tre volte al giorno. L'agognato arrivo dei neozelandesi, accolti fra un tripudio di tricolori da una folla enorme, non aveva modificato la situazione e ben presto nei cuori dei triestini l'apprensione aveva preso il posto della speranza. Nel pomeriggio del 2 maggio il generale Freyberg, che aveva installato il suo comando nell'Hôtel de la Ville, aveva ricevuto i membri del CLN che si erano insediati nel palazzo della Prefettura quali legittimi rappresentanti del governo italiano, ma il colloquio era risultato deludente. Freyberg declinò infatti la richiesta del CLN di assumere i poteri civili e militari della città precisando che, secondo gli accordi intervenuti, gli jugoslavi gli avevano consentito di entrare a Trieste nella qualità di «ospite» e come «ospite» si sarebbe comportato fino a nuovo ordine. Delusi, i dirigenti del CLN triestino lasciarono l'Hôtel de la Ville con la netta sensazione che la loro città era considerata ormai anche dagli Alleati parte integrante dello Stato jugoslavo.

Per quaranta lunghissimi giorni, Trieste sarà infatti, a tutti gli effetti, una città jugoslava e i triestini ne soffriranno le tragiche conseguenze.

Il 3 maggio, il comando militare jugoslavo emanava le prime disposizioni. Benché la guerra fosse finita, fu ugualmente proclamato lo stato di guerra e molte classi vennero richiamate alle armi (le reclute saranno poi inviate in Croazia con lo scopo di «alleggerire l'italianità della regione»). Fu proclamata la legge marziale, imposto un rigido coprifuoco dalle 15 del pomeriggio alle 10 del mattino e spostata l'ora legale su quella di Belgrado per uniformare Trieste al «resto della Jugoslavia». Il CLN venne immediatamente esautorato, annullate le sue disposizioni e perseguitati i suoi dirigenti: il neosindaco della Liberazione Michele Miani finì in carcere, il presidente Antonio De Berti e gli altri dirigenti del comitato rientrarono nella clandestinità insieme a molti partigiani italiani che avevano rifiutato di consegnare le armi. La libertà di stampa, che aveva visto la luce da pochi giorni, fu naturalmente soppressa. Rimase in vita solo il quotidiano comunista, diretto da Mario Pacor, il cui titolo suonava piuttosto sinistro per i triestini: «Il Nostro Avvenire». Questo foglio, totalmente appiattito sulle posizioni slave, svolse in quei giorni una violenta campagna diffamatoria contro i patrioti del CLN che venivano sbrigativamente qualificati come «agenti della Gestapo e fascisti».

Particolare attenzione le autorità jugoslave rivolsero agli istituti bancari. Furono sigillate tutte le cassette di sicurezza e congelati i conti correnti e i depositi. Il controllo era affidato a commissari sloveni. La Banca d'Italia fu dichiarata in liquidazione per cedere il posto alla Banca Nazionale Jugoslava. Dalla fine di maggio ai primi di giugno furono prelevati 160 milioni di lire «per ordine del governo sloveno».

Dietro queste disposizioni ufficiali si era scatenata nel frattempo l'attività della polizia segreta OZNA appoggiata dalla «Guardia del popolo». I tricolori esposti dalla popolazione per salutare l'arrivo dei neozelandesi furono strappati e mitragliati, cancellati tutti i simboli che assumevano un significato di italianità. D'altra parte, tutti gli italiani che si dichiaravano tali erano automaticamente considerati fascisti e nemici del popolo, compresi anche coloro che avevano combattuto e sofferto nella Resistenza. Solo chi accettava la pregiudiziale jugoslava era considerato un buon democratico.

Il 5 maggio, in risposta ad una delle tante manifestazioni filojugoslave organizzate trasbordando in città gli attivisti sloveni del contado, migliaia di triestini scesero in piazza sventolando il tricolore. Il corteo, che si era formato spontaneamente dietro un gruppo di giovani studenti, sfilò pacificamente cantando gli inni nazionali lungo il Corso, ingrossando a vista d'occhio quando, all'altezza di via Imbriani, comparvero i miliziani di Tito che aprirono il fuoco ad altezza d'uomo senza preavviso. I dimostranti si dispersero lasciando sul terreno cinque morti, oltre a decine di feriti. Alla sparatoria assistettero molti soldati neozelandesi che si limitarono a scattare fotografie.

Mentre tutto questo accadeva, il generale Bernard Freyberg, isolato nel suo comando all'Hôtel de la Ville, circondato da cavalli di frisia e mezzi corazzati, continuava a ricevere garbatamente le varie delegazioni cittadine, ma senza prendere iniziative. Non batté ciglio neppure quando, il 9 maggio, il generale Dušan Kveder, comandante delle forze jugoslave, dal balcone del municipio annunciò alla folla che lo applaudiva: «Trieste è stata liberata dall'esercito jugoslavo ed è nostra intenzione di unirla, insieme a Pola e a Fiume, allo Stato Jugoslavo». Freyberg si manterrà neutrale per tutti i terribili quaranta giorni di occupazione titina della città.

Nelle sue memorie, Winston Churchill non spiega le ragioni, o gli accordi, che imposero ai soldati britannici di trasformarsi in muti spettatori delle barbarie antitaliane, ma ammette accorato: «Nella Venezia Giulia i nostri uomini erano costretti ad assistere, senza la possibilità di intervenire, ad azioni che offendevano il loro senso di giustizia e sentivano che ciò equivaleva a una acquiescenza del misfatto...».

La «Guardia del popolo» semina il terrore

Trieste perde dunque la sua libertà prima ancora di averla ritrovata. La repressione slava colpisce fascisti e collaborazionisti, ma questi sono in numero irrilevante rispetto alla quantità delle vittime. In realtà, più che colpire i fascisti, a Trieste e nell'intera Venezia Giulia si vuole fare pulizia di tutto ciò che è italiano. Come racconta Antonio Pitamitz, i primi ad essere prelevati dalle «Guardie del popolo» sono i finanzieri che, insieme ai carabinieri, avevano sostenuto la Resistenza e partecipato alla liberazione della città insieme ai volontari del CLN. Viene meno con loro l'ultima forte presenza dello Stato italiano nella città.

Gli italiani arrestati, se non vengono rapidamente infoibati dopo processi-farsa, sono deportati sull'altipiano carsico o in Slovenia in campi di concentramento che sono rimasti impressi nella memoria di coloro che ne sono tornati vivi. Nella zona di Basovizza per chi tenta la fuga c'è la fucilazione. Si punisce anche con la tortura del «palo» che consiste in una sbarra cui i prigionieri vengono appesi sino a perdere per lungo tempo l'uso degli arti. Si uccide per un nonnulla: il furto di una patata, uno scatto di rabbia... Nel lager di Boroviza muore di stenti il partigiano Giovanni Nalon della brigata «Garibaldi» e vi soggiornano, prima di essere infoibati, i partigiani Bruno Mineo, Luigi Berti, Stefano Pirnetti, Federico Buzzai, Carlo Dell'Annunziata e tanti altri che avevano combattuto nelle formazioni non comuniste di «Giustizia e Libertà». Vi trovano la morte anche tanti ignoti militari italiani reduci dai campi di concentramento tedeschi e catturati senza motivo alcuno dai partigiani di Tito.

I finanzieri scomparsi sono certamente molti di più dei 97 dati per ufficialmente dispersi. Sul possibile destino di tanti altri è illuminante la testimonianza resa dal marinaio Angelo D'Ambrosio. Egli vide in quei giorni nei pressi di San Pietro del Carso una colonna di 180 finanzieri scortati da partigiani titini. Gli dicono di essere diretti verso un campo di concentramento ma, durante la notte, D'Ambrosio ode il sinistro crepitio dei mitra. Il giorno dopo il marinaio vede passare sei carri carichi di cadaveri seminudi seguiti più tardi dai partigiani della «brigata Tito» con indosso l'uniforme della Guardia di finanza, gradi e decorazioni compresi.

Nella Trieste sconvolta dall'occupazione jugoslava, acquista triste fama la villa Segré, sede di una squadra volante della «Guardia del popolo». Si tratta di una «villa triste» di colore rosso anziché nero. Nell'interno si verificano cose atroci. I prigionieri sono spesso costretti a battersi fra di loro per divertire gli aguzzini. Come punizione si usa ficcare la testa del malcapitato nel secchio delle feci. Si tortura e si uccide senza pietà. Una signora italiana è

costretta a pulire i pavimenti con un tricolore, la professo-
ressa Elena Pezzoli, collaboratrice del CLN, è lungamente
torturata e quindi gettata in una foiba. L'orrore suscitato
in città dagli uomini della «Guardia del popolo» è tale che
le autorità jugoslave sono costrette ad intervenire. I torturatori vengono tutti arrestati e alcuni fucilati. Sono tutti
italiani.

Frattanto, hanno avuto inizio anche a Trieste gli infoibamenti collettivi. In quelle ampie voragini che sprofon-
dano per centinaia di metri nel sottosuolo carsico gli italiani vengono precipitati a centinaia. Con loro anche
soldati della Wehrmacht, ustascia e domobranci. Da una
foiba furono ricuperati anche i cadaveri di dodici militari
neozelandesi.

La tecnica dell'infoibamento è quella già sperimentata in
Istria. I prigionieri vengono prima spogliati e quindi legati
a catena col solito filo di ferro. Incolonnati sull'orlo del baratro, basta sparare una raffica sui primi che trascineranno
anche gli altri. La catena di infelici, sbattendo nelle tenebre
da uno spuntone all'altro, si schianta nel fondo dove i vivi
agonizzano accanto ai morti. Spesso gli aguzzini si divertono con i morituri. «Chi riesce a saltare dall'altra parte
sarà risparmiato» promettono. Qualcuno ci prova e preci-
pita nel baratro, ma anche quelli che ci riescono vengono
abbattuti. Non devono sopravvivere testimoni. Qualcuno
tuttavia riesce a scamparla, come l'insegnante Graziano
Udovisi, e questo è il suo racconto raccolto da Massimo
Gramellini.

Salvo per miracolo

Mi fecero marciare sulle sterpaglie a piedi nudi, legato col filo di
ferro ad un amico che dopo pochi passi svenne e così io, cammi-
nando, me lo trascinavo dietro. Poi una voce in slavo gridò: «Alt!».
Abbassai lo sguardo e la vidi: una fessura profonda nel terreno, come un enorme inghiottitoio. Ero sull'orlo di una foiba. Allora tutto
fu chiaro: era arrivato il momento di morire.

Tutto è cominciato il 5 maggio 1945. La guerra è finita, io depongo le armi e mi consegno prigioniero al comando slavo. Vengo deportato in un campo di concentramento vicino a Pola. Prima della tragedia c'è l'umiliazione: i partigiani di Tito si divertono a farmi mangiare pezzi di carta ed ingoiare dei sassi. Poi mi sparano qualche colpo vicino all'orecchio. Io sobbalzo impaurito, loro sghignazzano.

Insieme ad altri compagni finisco a Pozzo Vittoria, nell'ex palestra della scuola. Alcuni di noi sono costretti a lanciarsi di corsa contro il muro. Cadono a terra con la testa sanguinante. I croati li fanno rialzare a suon di calci. A me tocca in sorte un castigo diverso: una bastonata terrificante sull'orecchio sinistro. E da quel giorno non ci sento quasi più.

Eccoci a Fianona. Notte alta. Questa volta ci hanno rinchiusi in un'ex caserma. Venti persone in una stanza di tre metri per quattro. Per picchiarci ci trasferiscono in una stanza più grande dove un uomo gigantesco comincia a pestarmi. «*Maledetti in piedi!*» strilla l'Ercole slavo. Vedo entrare due divise e in una delle due c'è una donna. Poi giro lo sguardo sui miei compagni: hanno la schiena che sembra dipinta di rosso e invece è sangue che sgorga. «*Avanti il più alto*», grida il gigante e mi prende per i capelli trascinandomi davanti alla donna. Lei estrae con calma la pistola e col calcio dell'arma mi spacca la mascella. Poi prende il filo di ferro e lo stringe attorno ai nostri polsi legandoci a due a due. Ci fanno uscire. Comincia la marcia verso la foiba.

Il destino era segnato ed avevo solo un modo per sfuggirgli: gettarmi nella voragine prima di essere colpito da un proiettile. Una voce urla in slavo «*Morte al fascismo, libertà ai popoli!*», uno slogan che ripetono ad ogni piè sospinto. Io, appena sento il crepitio dei mitra mi tuffo dentro la foiba.

Ero precipitato sopra un alberello sporgente. Non vedevo nulla, i cadaveri mi cascavano addosso. Riuscii a liberare le mani dal filo di ferro e cominciai a risalire. Non respiravo più. All'improvviso le mie dita toccano una zolla d'erba. Guardo meglio: sono capelli! Li afferro e così riesco a trascinare in superficie anche un altro uomo. L'unico italiano, come me, ad essere sopravvissuto alle foibe. Si chiamava Giovanni, «Ninni» per gli amici. È morto in Australia qualche anno fa.

Per quaranta giorni, il massacro sistematico degli italiani continua in tutta la regione sollevando indignazione e sgomento anche fra la popolazione civile slovena. Ma c'è anche chi lo esalta. Il 5 agosto del 1945, dopo il ritrovamento dell'ennesima foiba, il quotidiano sloveno di Trieste «Primorski Dnevnik» scriverà: «Sulla terra che ha sofferto per venticinque anni il terrore nazionalizzatore fascista questa non è la prima e non sarà nemmeno l'ultima foiba in cui si polverizzano le ossa dei criminali italo-fascisti...».

Anche Monfalcone è presa di mira dai miliziani addetti alla «pulizia etnica». Sono parecchie decine le persone prelevate e scomparse. Lo stesso accade a Gorizia che già ha vissuto una breve quanto tragica occupazione slava dopo l'8 settembre e ne ha evitato una seconda ad opera dei cetnici serbi. Le forze di Tito sono entrate a Gorizia il 2 maggio senza incontrare resistenza e si è ripetuto il copione di Trieste: liquidato il CLN locale, annullate tutte le sue disposizioni, regolati gli orologi sull'ora di Belgrado, le autorità jugoslave hanno anche istituito una nuova carta d'identità. Chi ne è sprovvisto viene arrestato. Bandita la bandiera italiana, bastonato chi si azzarda a esibire coccarde tricolori, la città è ricoperta di grandi ritratti di Tito e di Stalin, mentre su tutti i muri compare la parola d'ordine della Resistenza jugoslava: *Smrt fašizmu, sloboda narodu*, morte al fascismo, libertà ai popoli.

Ma di libertà non si vede neppure l'ombra. Soppressa la stampa italiana, vengono messi fuori legge tutti i partiti, tranne il Pci che ha fatto propria la pregiudiziale dell'appartenenza della Venezia Giulia alla Jugoslavia. Oltre duecento fra carabinieri e guardie di Ps sono catturati e deportati. Ne torneranno soltanto 6 fra i quali l'eroico tenente Tonnarelli che aveva salvato la città dall'invasione cetnica. Scompaiono anche noti personaggi della maggioranza italiana compresi molti dirigenti del CLN. Come osserva Antonio Pitamitz, questi uomini avevano rifiutato la «unilaterale annessione» di quelle terre alla Jugoslavia, ma erano anche impotenti e incapaci di far fronte all'arroganza slava. In definitiva, come gli altri abitanti della regione giuliana, pagano anch'essi le illusioni nutrite dal CLN Alta Italia che aveva creduto all'internazionalismo antifascista jugoslavo di cui il Pci si era fatto garante. Di conseguenza, vista l'impossibilità di operare, i superstiti dirigenti del CLN goriziano decidono di sciogliere l'organismo e di trasferirsi a Udine.

Nella Gorizia abbandonata agli occupanti, il terrore non si fa attendere. Come a Trieste, imperversano le «Guardie del popolo» le quali prelevano centinaia di persone di cui non si conoscerà la sorte. Il 18 maggio penetrano persino nell'ospedale e portano via una cinquantina di degenti dicendo che devono essere trasferiti a Trieste. Di loro non si saprà più nulla, neanche i nomi perché i titini hanno bruciato tutte le cartelle cliniche. La consuetudine di bruciare documenti, schedari e, soprattutto, gli archivi comunali e i registri dell'anagrafe è troppo frequente per non essere sospetta. Probabilmente è una misura programmata per cancellare la presenza degli italiani in vista di un eventuale plebiscito o comunque di controlli ordinati dagli Alleati.

Il potere jugoslavo impone il suo segno anche nella vita cittadina. I riti e i funerali religiosi vengono ostacolati. Nei cimiteri, al posto della croce viene eretta una stella rossa, mentre i sacerdoti che non si piegano vengono perseguitati. L'arcivescovo di Gorizia, monsignor Carlo Margotti, che condanna le atrocità da qualsiasi parte provengano, sarà espulso dalla città perché contrario «al movimento di liberazione nazionale».

A differenza di quanto accadde dopo l'8 settembre quando le vittime delle foibe erano prelevate fra gli italiani abitanti nei paesi di campagna, ora i catturati e gli infoibati sono prevalentemente italiani delle città. Siamo cioè di fronte ad un salto di qualità della «pulizia etnica». Adesso si procede sistematicamente anche alla eliminazione di quegli esponenti politici italiani i quali, pur avendo combattuto contro il fascismo, rappresentano un ostacolo alle mire annessionistiche di Belgrado.

L'ondata di violenza si abbatte anche su Pola durante i quaranta giorni della «prima» occupazione slava.

Nella relazione redatta dal governo italiano per essere

presentata alla Conferenza della pace di Parigi, si leggono testimonianze raccapriccianti: trecento italiani, in gran parte partigiani, uccisi a colpi d'ascia in un forte della marina; carnefici che si spartiscono i valori delle vittime; conti bancari prosciugati; torture e ancora torture. «Nel carcere di Buccari» testimonia Ambrogio Mannoni «gli uomini vengono obbligati a stare fermi sull'attenti a piedi nudi su legni appuntiti. Fra le dita gli vengono infilati dei pezzi di ferro. In questa posizione rimangono anche tre giorni, urlando, senza mangiare, mentre i piedi si gonfiano. Quando stremati cadono per terra vengono raddrizzati a colpi di calcio di moschetto.»

«Tito, Tito, te ne g'ha fregà pulito»

Essere comunista di sentimenti italiani in quei giorni, a Trieste, non doveva essere facile. Durante la resistenza e l'attività clandestina era stato diverso. La lotta comune, la martellante propaganda basata sulla «fraterna e cordiale collaborazione italo-slovena e sul reciproco rispetto», l'impegnativa parola d'ordine «morte al fascismo, libertà ai popoli», nonché la suggestiva equiparazione: «Italia = fascismo. Jugoslavia = comunismo» avevano esercitato una enorme impressione sull'immaginario collettivo del proletariato triestino. I comunisti di Trieste non avevano infatti esitato ad obbedire agli ordini del partito e ad accettare una posizione subalterna nei ranghi della Resistenza jugoslava. L'obbedienza ideologica, la vocazione internazionalistica e la cieca fiducia in Stalin e nell'URSS, avevano indotto i più a sottovalutare le manifestazioni del nazionalismo slavo e a considerarle errori o pregiudizi *borghesi* che col tempo sarebbero stati superati.

Le perplessità cominciarono ad affiorare fra gli intellettuali e le *élites* operaie subito dopo l'occupazione militare jugoslava. Questo travaglio, come osserva Ennio Maserati che ha acutamente analizzato la vicenda triestina, si manifestò proprio tra coloro che avevano partecipato alla resistenza. In proposito, Maserati cita questa testimonianza di un anonimo giornalista comunista triestino:

> Un vivo malcontento prese a manifestarsi tra le masse lavoratrici, pur favorevoli in gran parte per ragioni ideologiche e politiche all'annessione alla Jugoslavia, per l'eccesso di tricolori bianco-rosso-blu che continuava a caratterizzare le prime manifestazioni e cortei in città. Non se ne erano adombrati i primi giorni, considerandolo un legittimo sfogo degli sloveni, dopo tanti anni di oppressione e violenze da parte dei fascisti, per festeggiare la liberazione dovuta al loro esercito vittorioso. Ma poi doveva bastare, poi diventava espressione di nazionalismo e la classe operaia triestina si era sempre mostrata avversa a entrambi i nazionalismi. Fu perciò che espressero in misura crescente questa loro contrarietà, esercitando una pressione che costrinse i dirigenti slavi ad ammettere anche i tricolori italiani (con la stella rossa) e le bandiere rosse proletarie. Fu da parte loro una *concessione*, in quanto avevano sempre combattuto nelle loro file l'esibizione del rosso e la fraseologia di classe come espressione di *settarismo*, dato che il movimento partigiano doveva apparire formalmente solo come movimento nazionale, democratico e progressista, ma non ancora comunista... Di quella *concessione* gli operai triestini si avvalsero e nelle successive manifestazioni scesero in piazza con una gran quantità di bandiere rosse e un certo numero di tricolori italiani...

La base comunista triestina, incoraggiata dalla federazione locale e, sia pure più ambiguamente, dalla direzione nazionale del partito, si mantenne comunque entusiasticamente fedele alla pregiudiziale jugoslava. Ancora il 24 settembre 1945, dopo la partenza delle truppe jugoslave da Trieste e la costituzione del Territorio Libero, la federazione comunista locale ribadiva che il Pc giuliano si sarebbe adoperato «con tutte le sue forze affinché questo territorio venga assegnato alla democratica e federativa Repubblica jugoslava».

Una tragica prova di commovente solidarietà per i «fratelli» slavi la daranno gli operai monfalconesi. Dopo l'esodo degli italiani di Pola e di Fiume i cantieri locali erano rimasti privi di mano d'opera qualificata e loro, con uno slancio fraterno incoraggiato dal partito, organizzarono una sorta di controesodo per dare una mano ai compagni jugoslavi e colmare i vuoti lasciati dai «fascisti». Ne seguì un oscuro dramma, sottaciuto per oltre un cinquantennio, che si condensa in questo amaro ritornello mormorato dagli sventurati volontari: *Tito, Tito, te ne g'ha fregà pulito...* Di questo tragico esodo alla rovescia parleremo più avanti.

La «linea Morgan»

L'occupazione militare jugoslava di Trieste, Gorizia e Pola si concluse il 12 giugno 1945. In quei terribili quaranta giorni il governo italiano, spronato dal vescovo di Trieste Antonio Santin, testimone oculare e anche vittima delle prepotenze slave, aveva compiuto vari tentativi per indurre gli Alleati ad intervenire per porre fine alle sanguinose rappresaglie che proseguivano malgrado la guerra fosse da un pezzo conclusa. Gli Alleati non ignoravano le operazioni di pulizia etnica e politica che erano in corso nella regione giuliana controllata dalle forze titine, tuttavia, più che motivi umanitari saranno le esigenze strategiche ad indurli a un serrato confronto col governo di Belgrado.

Nel frattempo, rispetto alla questione giuliana, le posizioni degli inglesi e degli americani si erano differenziate e quasi capovolte. Mentre il presidente Truman tergiversava per mantenere buoni rapporti con Stalin, Churchill, allarmato dall'espansione sovietica in Europa, aveva dimenticato le antiche promesse fatte agli jugoslavi e ora considerava Tito la punta di diamante della penetrazione sovietica in Occidente. Di conseguenza, era giunto a proporre «un'operazione militare breve e risolutiva» per risolvere il problema respingendo gli jugoslavi dalla Venezia Giulia. Tale progetto, che avrebbe potuto comportare il rischio di uno scontro diretto con l'URSS, non aveva incontrato il favore degli americani ostili, non solo per ragioni morali, ad aggravare i già difficili rapporti con l'Unione Sovietica. In quel momento, infatti, gli Stati Uniti erano ancora impegnati nella guerra contro il Giappone e, sottovalutando l'importanza della bomba atomica, già pronta nei laboratori di Los Alamos, ma non ancora sperimentata, il governo di Washington riteneva indispensabile l'intervento sovietico nella guerra del Pacifico per piegare la resistenza giapponese. Nel contempo, però, inglesi e americani avevano un assoluto bisogno dei porti e delle rotabili della Venezia Giulia per alimentare le proprie forze dislocate nell'Europa centrale.

Tito, dimentico dei precedenti accordi con Alexander, non aveva alcuna intenzione di cedere quel territorio, «il cui possesso rappresentava i nove decimi del diritto», e respingeva a muso duro ogni richiesta alleata fidando nella protezione del compagno Stalin. Ma alla fine dovette arrendersi e il suo voltafaccia non si può spiegare altrimenti se non con un accordo segreto stipulato sopra la sua testa da Truman e da Stalin. Lo stesso Tito accennò a questa autoritaria interferenza nelle questioni jugoslave, dichiarando durante un discorso a Lubiana: «Noi chiediamo che ciascuno sia padrone del suo, noi non vogliamo pagare i conti altrui, noi non vogliamo essere moneta di pagamento e di scambio».

Il «conto» Tito comunque lo pagò, accettando di malavoglia il suggerimento di Stalin di concordare con gli Alleati una linea di demarcazione. Ciò avvenne il 9 giugno a Belgrado dove giunse in volo una delegazione alleata guidata dal generale Morgan, capo di Stato Maggiore del Maresciallo Alexander. Dopo vivaci scambi di idee fu alla fine tratteggiata la linea (in seguito sarà conosciuta come «linea Morgan») che avrebbe diviso in due zone di occupazione la Venezia Giulia. La zona «A» sarebbe stata amministrata dagli Alleati, la zona «B» dagli jugoslavi. La linea partiva dal confine con l'Austria a est di Tarvisio, scendeva lungo un buon tratto dell'Isonzo, si spostava ancora a est per aggirare Gorizia, Monfalcone e Trieste e raggiungeva infine l'Adriatico poco a sud di Muggia.

Territorialmente, la zona «A» era grosso modo la sesta parte dell'ex regione italiana: gli altri cinque sesti toccavano alla Jugoslavia. Demograficamente esisteva invece uno stato di parità: circa 450.000 abitanti per zona. Venne anche stabilito che alla zona «A» sarebbe stata assegnata l'*enclave* di Pola con un piccolissimo entroterra, nonché gli ancoraggi di Pirano, Parenzo e Rovigno. Gli Alleati però presero materialmente possesso solo della città di Pola e gli jugoslavi ne approfittarono per impadronirsi degli altri tre centri marittimi.

I termini dell'accordo stabilivano che la «linea Morgan» doveva essere considerata a tutti gli effetti «temporanea» e puramente militare, senza pregiudicare minimamente le decisioni finali circa l'assegnazione delle due «zone».

In realtà, pur entrando a far parte del Territorio Libero di Trieste, la zona «B» fu sottoposta fin dal 1947 ad un progressivo processo di slavizzazione. L'amministrazione civile jugoslava impose tutti i criteri adottati dal governo di Belgrado nelle altre regioni del paese, come la collettivizzazione delle terre, la cooperazione e la socializzazione delle industrie. Aziende importanti come l'Arrigoni e l'Ampelea, che rappresentavano la ricchezza economica della regione, furono costrette a chiudere e a licenziare i propri dipendenti. Per integrare l'economia della zona «B» con quella della Jugoslavia, la lira fu dapprima sostituita dalla «jugolira» e successivamente dal dinaro. Mentre per snazionalizzare ulteriormente il territorio furono perseguitati e indotti ad andarsene gli esponenti delle due categorie che costituivano un tradizionale punto di riferimento per gli italiani: gli insegnanti e il clero cattolico. I docenti non allineati furono arrestati o espulsi sotto l'accusa di essere agenti del CLN, i sacerdoti rimasti legati alla curia vescovile di Trieste minacciati ed invitati più o meno esplicitamente ad andarsene.

Clamoroso fu il processo intentato nel 1948 all'intero convento dei frati benedettini di Daila, accusati di contrabbando ed esportazione di valuta. Tutti i frati furono condannati a pene varianti fra i sei mesi e i quattro anni di lavori forzati. Onde spezzare ogni legame fra la zona «A» e la zona «B», le autorità civili jugoslave, con la scusa che si trattava di «spie del CLN», ostacolarono con ogni mezzo il passaggio dei pendolari che ogni mattina si recavano al lavoro nella zona «A», imponendo lunghi e ingiustificati blocchi marittimi e terrestri o obbligandoli quotidianamente a subire lente e minuziose perquisizioni.

Cominciava così la lunga agonia della zona «B» la quale, secondo il Trattato di pace, avrebbe invece dovuto essere equamente divisa con accordi diretti fra Roma e Belgrado. Città schiettamente italiane, come Pirano, Parenzo e Rovigno, venivano gratuitamente cedute alla Jugoslavia violando ogni diritto della componente etnica italiana della regione. Tale appropriazione indebita troverà alfine la sua copertura giuridica con l'accordo italo-jugoslavo di Osimo nel 1975.

Gli jugoslavi «fanno fagotto»

Il 12 giugno fu comunque un giorno di festa per Trieste, Pola e Gorizia. Non erano tornate né l'Italia né la vera libertà, ma almeno si dormiva tranquilli e non tremavi più di paura se qualcuno bussava alla tua porta.

Mentre i tricolori si riaffacciavano alle finestre e le vie erano percorse da cortei imbandierati, gli jugoslavi si prepararono a fare fagotto. E lo fecero nel vero senso della parola portandosi via tutto quello che era trasportabile: dal patrimonio della Banca d'Italia ai macchinari delle fabbriche, dalle attrezzature degli ospedali alle macchine per scrivere e al materiale di cancelleria.

Il 13 giugno fu costituito a Trieste il Governo Militare Alleato (GMA), il quale sciolse immediatamente i «Tribunali del popolo» e la «Guardia del popolo» per dare vita alla «Venezia Giulia Police», una forza di polizia a reclutamento locale, con ufficiali istruttori italiani, ma con i criteri in vigore nella polizia britannica e in quella americana. Furono sciolti o annullati tutti gli organismi e le disposizioni imposte dagli occupanti jugoslavi e ristabilita la legge italiana in vigore nella penisola. Venne anche reinstaurato l'ordinamento giudiziario italiano, esclusa la possibilità di ricorso alla Corte di Cassazione di Roma.

Grazie all'avvento del GMA, il CLN triestino poté uscire dalla clandestinità e i suoi dirigenti furono invitati a preparare i quadri dell'amministrazione comunale e provinciale. Era intenzione del colonnello Francis Armstrong, rappresentante del GMA, di valersi per l'amministrazione civile della zona «A» di tutte le forze politiche presenti, ma l'atteggiamento ostile ed intransigente dei comunisti e del fronte sloveno lo indusse a ricorrere alla collaborazione dei soli partiti democratici. Essendo le popolazioni di Trieste, Pola e Gorizia quasi interamente italiane, l'istituzione delle amministrazioni democratiche non incontrò particolari difficoltà. Più complessa fu invece nei piccoli comuni a popolazione mista, tanto che in molti casi le autorità alleate dovettero ricorrere ad un commissario.

Malgrado gli indiscutibili miglioramenti, la situazione di Trieste continuava a rimanere molto precaria. L'atmosfera era greve e la presenza titina si faceva sentire con ogni sorta di minacce e di intimidazioni. L'ex «Guardia del popolo», per esempio, benché disciolta e disarmata, continuava ad operare clandestinamente procedendo a prelevamenti ed arresti illegali. Mentre, grazie alla libertà di stampa concessa dal GMA, gli slavi perseveravano nella loro campagna sciovinistica attraverso «Il Corriere di Trieste» (ex «Nostro Avvenire») e il quotidiano del Pc giuliano «Il lavoratore». Da parte sua, il CLN triestino non era in grado di disporre di una propria pubblicazione perché gli operai delle tipografie, intimiditi dagli slavi o perché militanti comunisti, si rifiutavano di stampare i loro fogli «reazionari».

Se nella zona «A» la situazione era grave, nella zona «B» era tragica. Già prima del 12 giugno oltre 20.000 italiani avevano abbandonato il territorio istriano per rifugiarsi a Trieste o in altre città italiane. Erano fuggiti perché ormai consapevoli che né gli Alleati, né il governo italiano sarebbero mai intervenuti in loro difesa. La situazione migliorò invece molto sensibilmente a Pola e nella sua piccola *enclave* quando il 16 giugno giunsero le truppe alleate. Andandosene, le truppe titine si erano portate appresso 700 prigionieri-ostaggio, nonché tutti i macchinari dell'arsenale e delle varie fabbriche.

I polesani, che rappresentavano oltre il 90 per cento della popolazione, non avevano comunque grandi motivi per gioire. Isolati su un palmo di terra circondato dalla marea slava, ignorati o quasi dalla madrepatria che già li considerava perduti, impossibilitati persino a comunicare attraverso i servizi postali, vivranno a lungo col fiato sospeso come gli abitanti di un forte assediato.

Nel resto dell'Istria era disastrosa anche la situazione economica. Paralizzate le miniere di carbone e di bauxite per il fallimento dei comitati di gestione che avevano sostituito gli antichi dirigenti arrestati, ridotta la pesca per la presenza di migliaia di mine, ridotti i raccolti a seguito della socializzazione delle terre, il tenore di vita era sceso ai minimi termini. L'inflazione intanto galoppava poiché i banchieri improvvisati ignoravano le più elementari leggi economiche, mentre continuava ad imperversare la repressione poliziesca. Scriveva in quei giorni sul «Manchester Guardian» la giornalista Silvia Sprigge: «Fra Pola e Trieste la strada è interrotta e nell'interno si assiste a tristissimi spettacoli: gruppi di civili scortati da militari jugoslavi procedono con passo stanco per chissà quale destinazione. Si vedono pure uomini isolati, con le mani legate dietro la schiena da un filo di ferro, che vengono portati via da soldati armati...».

Il 25 novembre 1945 si svolsero nella zona «B» le elezioni per eleggere l'Assemblea Popolare e i Comitati cittadini. Precedentemente era stata orchestrata una violentissima campagna di stampa per indurre gli istriani a votare la lista unica presentata nelle varie località. Sui muri si leggevano frasi di questo genere: «Chi non vota è fascista», «Pensa alla tua famiglia», «Chi non vota è contro di noi», e così via. A Rovigno, detta la «piccola Mosca», il comunista Antonio Budicin, fratello del martire Pino, il cui nome era stato dato a una brigata partigiana, tentò di presentare una lista autonoma, ma la lista venne annullata e lui finì in carcere.

Malgrado i brogli e le intimidazioni, i risultati delle elezioni registrarono un successo italiano. Il numero degli astenuti fu infatti molto alto e moltissime furono le schede che dovettero essere annullate perché contenevano frasi oltraggiose nei confronti di Tito e della Jugoslavia. Ad Albona, per esempio, su 1.035 elettori votarono in 770 e le schede annullate furono 465.

La Conferenza della pace

I lavori preliminari per la preparazione della Conferenza della pace di Parigi cominciarono a Londra nel gennaio del 1946, in un momento in cui i rapporti fra Alleati e Unione Sovietica erano particolarmente tesi. Riguardo alla questione giuliana, Mosca si era nuovamente avvicinata a Tito e il ministro degli Esteri sovietico Molotov aveva categoricamente ribadito che Trieste, pur essendo abitata prevalentemente da italiani, doveva ugualmente essere congiunta con il suo «retroterra naturale» jugoslavo. Pesava inoltre sulla conferenza quanto si era deciso a Jalta dove Roosevelt e Churchill avevano riconosciuto a Stalin l'influenza sovietica sulla Jugoslavia e sui territori da essa rivendicati.

Consapevole dell'appoggio sovietico, Tito si sentiva più forte che mai e non esitava a mostrare i muscoli. Fra gennaio e febbraio le divisioni jugoslave di stanza nella zona «B» furono portate da nove a quattordici, tanto da far presagire l'eventualità di un colpo di mano nel caso che la Commissione alleata avesse preso una decisione favorevole all'Italia.

Fra smentite e minacce, si andavano intanto intensificando le proposte di soluzione del «caso» Trieste. Si era inserita nel gioco anche la Francia dopo che era riuscita, sia pure immeritatamente, a farsi accogliere nel salotto buono dei «Grandi» della terra vincitori della seconda guerra mondiale. E ora Parigi pur di vedersi riconoscere il titolo di grande potenza si dava un gran daffare per assumere un ruolo di mediatore fra Est ed Ovest. Come conseguenza di tutto ciò, alle tre proposte di spartizione avanzate da Londra, Mosca e Washington, se ne aggiunse una quarta, quella appunto di Parigi.

Tali proposte consistevano essenzialmente in particolari linee di demarcazione tracciate sulla base di criteri senza dubbio più politici che geografici. Ed è forse inutile aggiungere che, a seconda dei proponenti, ciascuna di esse poteva essere variamente interpretata dai due paesi interessati alla divisione. Vediamole dunque insieme, queste linee, tenendo conto non tanto del territorio quanto della distribuzione delle due etnie.

– Secondo la linea proposta dagli americani, sarebbero stati assegnati all'Italia 370.000 italiani e 180.000 slavi, mentre sarebbero rimasti in Jugoslavia 50.000 italiani.

– Secondo la linea britannica restavano in Italia 356.000 italiani e 152.000 slavi mentre rimanevano in Jugoslavia 64.000 italiani.

– Secondo la linea francese, restavano in Italia 294.000 italiani e 113.000 slavi, mentre rimanevano in Jugoslavia 125.000 italiani.

– Secondo la linea sovietica, infine, nessuno slavo restava in Italia, ma 600.000 italiani sarebbero rimasti in Jugoslavia.

Come si può notare dalle cifre, la linea di demarcazione a noi favorevole era quella americana, mentre la più sfavorevole era quella sovietica. Ma ciò era prevedibile. Resta semmai da ricercare una risposta convincente al più ovvio degli interrogativi: perché non si ricorse al plebiscito?

Per la verità il primo a suggerire questo «uovo di Colombo» era stato il segretario di Stato americano James Byrnes. La sua proposta aveva subito incontrato l'approvazione dei sovietici, ma non quella della delegazione italiana. I rappresentanti italiani, presenti alle riunioni sotto la guida del capo del governo Alcide De Gasperi, manifestarono infatti opinioni discordi. Favorevoli al plebiscito si dichiararono gli esponenti del Comitato giuliano, nonché i vescovi di Pola e di Parenzo, i quali, benché consapevoli dell'esistenza di una maggioranza slava, erano certi che moltissimi slavi non comunisti, per reazione al terrore instaurato dal regime di Tito, avrebbero votato a favore dell'Italia. De Gasperi invece era contrario e con lui, sia pure per motivazioni diverse, gli altri componenti della delegazione italiana. Da una parte si temeva che, grazie al voto favorevole dei comunisti italiani, gli slavi avrebbero conquistato la maggioranza anche nelle città italianissime come Trieste e Pola, dall'altra si pensava che per imponderabili motivi di carattere nazionale e razziale, nonché per le fortissime pressioni esercitate sulle popolazioni dalle autorità titine, il plebiscito avrebbe favorito la Jugoslavia. E grande e amara fu la sorpresa dei giuliani quando Giuseppe Saragat, a nome del governo, bocciò definitivamente il progetto dichiarando che «insistere sul plebiscito significava far opera contraria agli interessi nazionali».

La sconcertante decisione di respingere un referendum che, molto probabilmente, avrebbe favorito l'Italia e che, comunque, avrebbe rispettato il principio allora tanto sbandierato dell'autodeterminazione dei popoli, è stata in seguito criticata e variamente commentata. L'interpretazione più acuta ci sembra quella di Paola Romano la quale, nella sua attenta analisi della questione giuliana (citata in bibliografia), sottolinea che, in quel momento, la principale preoccupazione del deputato di Trento on. Alcide De Gasperi era rappresentata dalla possibilità che l'accettazione di un plebiscito nella Venezia Giulia ne avrebbe potuto comportare un altro nel Trentino-Alto Adige il cui risultato sarebbe stato certamente sfavorevole all'Italia.

Fu dunque una scelta premeditata? Probabilmente il

plebiscito fu rifiutato anche per altre ragioni, resta comunque il fatto che, come osserva l'istriano Pier Antonio Quarantotti Gambini, in quegli anni i nostri fratelli della Venezia Giulia si sentirono usati come moneta di scambio non solo dagli Alleati, ma anche dal governo di Roma. Non si può d'altronde negare che da parte dei nostri rappresentanti alla Conferenza della pace furono compiuti più sforzi per salvare la flotta o per conservare le colonie prefasciste di Libia, Eritrea e Somalia, che non per salvaguardare i confini orientali della nazione.

Una «pulizia etnica» più «ragionata»

Durante tutto il 1946 e gran parte del 1947, il fenomeno della «pulizia etnica» nell'Istria occupata dagli slavi, oltre a intensificarsi, assunse anche un aspetto, per così dire, più «ragionato». Nel senso cioè che ora le stragi erano chiaramente mirate contro gli italiani di qualunque estrazione sociale e di qualunque fede politica. Se, infatti, i sanguinosi episodi verificatisi dopo l'8 settembre del 1943 offrivano in qualche modo la possibilità di mascherare la «pulizia etnica» con la rabbia popolare e la rappresaglia politica (Togliatti, per esempio, non esiterà a definirli «una giustizia sommaria fatta dagli stessi italiani contro i fascisti»), adesso non c'erano scuse e l'intento appariva chiaro anche agli occhi degli osservatori meno accorti. Si voleva eliminare o allontanare dall'Istria più italiani possibile per sconvolgere il tessuto etnico della regione nell'eventualità che la Conferenza della pace richiedesse un censimento o un plebiscito popolare.

D'altra parte, che la «pulizia etnica» sia una tragica consuetudine delle lotte razziali che periodicamente hanno insanguinato i Balcani, lo confermano i fatti recenti accaduti in Bosnia e nel Kosovo. Dove si è ripetuto esattamente ciò che è stato fatto in Istria cinquant'anni prima, con la sola differenza che, non offrendo il terreno la «comodità» delle foibe per nascondere i cadaveri, gli aguzzini sono stati costretti a ricorrere alle fosse comuni facilmente individuabili dall'osservazione aerea.

La favola delle foibe come «tombe di fascisti», alla quale per anni hanno finto di credere anche molti storici italiani, è stata peraltro smentita da autorevoli fonti jugoslave. Per esempio, da Milovan Gilas, l'intellettuale serbo che durante la guerra partigiana fu il braccio destro di Tito e che in seguito diventò il più acerrimo avversario del Maresciallo. In un'intervista rilasciata a «Panorama» nel 1991, Gilas raccontò che nel 1946 egli si recò personalmente in Istria con Edward Kardelj, allora ministro degli Esteri jugoslavo, per organizzare la propaganda anti-italiana allo scopo di dimostrare l'appartenenza alla Jugoslavia di quella regione. «Era nostro compito» spiegò Gilas al giornalista «indurre tutti gli italiani ad andar via con pressioni di ogni tipo. E così fu fatto.»

Cosa fecero lo sappiamo. Nel marzo del 1946, quando una Commissione quadripartita (americani, inglesi, francesi e russi) visitò la zona «B», le autorità titine impedirono con la forza agli italiani di farsi vivi mentre, nel contempo, facevano affluire nei centri visitati dalla Commissione torme di contadini sloveni e croati trasferiti dalle campagne con torpedoni e autocarri. A nulla servirono le proteste del governo italiano e del CLN dell'Istria per garantire agli italiani la libertà d'espressione. A Pirano, per sfuggire al controllo della polizia, le donne che si accalcavano attorno alle auto della Commissione aprivano furtivamente davanti ai delegati il palmo della mano sul quale avevano dipinto il tricolore. A Pisino, durante una riunione, i delegati trovarono sul tavolo un misterioso biglietto. C'era scritto: «Non potendo interrogare i vivi, interrogate i morti». Qualcuno afferrò il senso dell'oscuro messaggio e la Commissione chiese di poter visitare il cimitero. Risultato: il 90 per cento delle lapidi portava scolpiti nomi italiani. Inutile dire che, nei giorni seguenti, tutti i cimiteri istriani furono devastati e le lapidi rimosse o sostituite da altre in lingua croata.

Per slavizzare al massimo la regione si procedette anche all'emigrazione forzata di masse di contadini che furono trasferiti nel Banato per essere sostituiti con altri, bosniaci e macedoni, «non inquinati dalla lunga contiguità con gli italiani». Angherie e persecuzioni subirono molti esponenti del clero cattolico. Il vescovo di Trieste, monsignor Antonio Santin, fu più volte aggredito e oltraggiato quando, noncurante delle minacce, si recò in visita nelle parrocchie della sua diocesi situate nella zona «B». Il vescovo di Pola, monsignor Raffaele Radossi, fu arrestato, denudato, perquisito ed interrogato per alcuni giorni prima di essere rilasciato. Altri sacerdoti, non soltanto italiani, ma anche sloveni e dalmati, furono deportati senza che si avesse più notizia della loro sorte.

Le pressioni di ogni tipo, di cui parlava Milovan Gilas, avevano, come si è detto, lo scopo di terrorizzare gli italiani e di indurli a lasciare l'Istria. Da tempo, infatti, colonne di disperati, del tutto simili a quelle che in tempi più recenti la televisione ci ha abituato a vedere nelle corrispondenze dalla Bosnia e dal Kosovo, si presentavano al confine con la zona «A» per cercare asilo a Trieste e in altre città italiane. Alla vigilia della firma del Trattato di pace, quando l'esodo degli italiani si trasformerà in una fiumana inarrestabile, già oltre trentamila profughi avevano trovato asilo in centri di raccolta, peraltro niente affatto accoglienti.

Questa povera gente, che in realtà stava pagando per conto di tutti gli italiani la cambiale della guerra fascista, non era infatti accolta in madrepatria da slanci di solidarietà. Dalla sinistra, per esempio, i profughi erano osservati con sospetto e accolti come ospiti indesiderati. D'altra parte la loro fuga dalla Jugoslavia «democratica» suonava come una chiara denuncia del regime comunista che vi era stato instaurato. Di conseguenza, i loro drammatici racconti venivano definiti volgari menzogne, tanto è vero che, come era accaduto con gli italiani della Venezia Giulia che gli slavi definivano genericamente «fascisti», anche i profughi istriani in Italia furono sbrigativamente definiti tali. Un particolare sconcertante: il governo della Repubblica di Salò aveva assegnato ai profughi giuliani un sussidio di sopravvivenza che venne successivamente abolito, per essere poi sostituito da un altro della durata di soli tre mesi.

Malgrado l'atmosfera di cupo terrore che gravava sull'Istria, la maggioranza degli italiani esitava ancora a separarsi dalle proprie case e dai propri beni. La speranza è dura a morire e questa speranza era rappresentata dalla Conferenza della pace dove, forse, con la costituzione del Territorio Libero di Trieste, l'intera popolazione giuliana avrebbe potuto trovare qualche giovamento. In realtà, più i mesi passavano e più aumentava lo scoramento. Malgrado i deboli e anche poco convinti tentativi del governo italiano per salvare l'Istria, la sensazione che la partita fosse ormai irrimediabilmente perduta si fece sempre più netta. Caddero a poco a poco tutte le illusioni, e mentre gli jugoslavi agivano con grande prontezza secondo programmi prestabiliti, alla vigilia della firma del Trattato di pace, la popolazione italiana viveva, come si legge in una nota inviata al nostro ministero degli Esteri, «in uno stato di depressione morale, di apatia, di incertezza e di disperazione, perché la Venezia Giulia è la sola regione che paga la pace e subisce effettivamente le conseguenze della guerra».

A Parigi Vyšinskij insulta l'Italia

«Forse sarà per deformazione professionale» scriveva l'ambasciatore Pietro Quaroni riferendosi alla Conferenza della pace in cui erano in gioco i destini della Venezia Giulia «ma io non riesco a credere alla benevolenza dell'America, dell'Inghilterra e della Russia verso l'Italia. Per cui quando l'America, l'Inghilterra o la Russia si levano a difenderci in qualche cosa, la mia reazione – è un peccato grave, lo riconosco – non è un movimento di riconoscenza, ma il cercare di indovinare quali interessi suoi quel determinato Paese protegge o persegue dandosi le arie di difendere i nostri...» Pietro Quaroni tralascia di mettere nel conto anche la Francia la quale, pur non avendo nella questione interessi territoriali, ma solo di facciata, riuscì alla fine, con la sua politica definita dalla nostra diplomazia «non ostile, ma infausta», a far trionfare la propria «linea» che, dopo quella sovietica, era certamente la meno favorevole all'Italia.

L'ironico scetticismo dell'ambasciatore Quaroni era d'altronde più che giustificato. Al di fuori delle finzioni diplomatiche e delle promesse di protezione all'una o all'altra parte, le decisioni dei Quattro Grandi circa la definizione dei confini orientali dell'Italia non tennero in nessun conto le pretese o le aspirazioni dei due paesi interessati. Italia e Jugoslavia svolsero infatti il ruolo delle pedine di una partita a scacchi giocata da altri per una posta ben più importante della sorte delle popolazioni giuliane. Dietro la Jugoslavia, considerata ancora da Mosca un satellite del nascente impero sovietico, si celava la secolare aspirazione russa di aprire finalmente una finestra sui mari caldi. Dietro l'Italia, Stati Uniti e Gran Bretagna miravano in quel momento a fare di Trieste una «Gibilterra dell'Adriatico», onde costituire un baluardo di difesa nell'unico punto dell'intero scacchiere del Mediterraneo da dove l'Armata Rossa avrebbe potuto muovere nel caso non improbabile di un terzo conflitto mondiale.

All'interno di questo contesto, che l'intensificarsi della guerra fredda rendeva sempre più pregnante, si svolsero per mesi e mesi lunghe ed estenuanti trattative in cui russi e angloamericani, con la scusa di difendere gli interessi degli jugoslavi o degli italiani, continuarono i loro giochi usando la Venezia Giulia come merce di scambio. Nel corso dei lavori della Conferenza, a Parigi, furono invitati a parlare anche i rappresentanti italiani e jugoslavi. Edward Kardelj ripeté con veemenza le accuse contro l'Italia sottolineando e ingigantendo i crimini di guerra compiuti dalle nostre truppe durante l'invasione fascista. Ribadì che la

Venezia Giulia faceva parte anche geograficamente della penisola balcanica e che i grossi comuni della regione non erano altro che «isole straniere nel mare croato e sloveno». Ripropose infine le rivendicazioni slave già avanzate nel 1944 e sostenne che l'unica linea di confine accettabile da Belgrado era rappresentata, con lievi modifiche, dalla frontiera italo-austriaca tracciata prima della guerra del 1915-1918. Concluse affermando che fare delle concessioni territoriali all'Italia, paese vinto, ai danni della Jugoslavia, paese vincitore, sarebbe stato un gesto fascista.

Molto più pacato fu l'intervento di Alcide De Gasperi. La sua posizione di rappresentante di un paese sconfitto non gli permetteva d'altra parte un comportamento diverso. Cominciò infatti il suo intervento in maniera piuttosto patetica: «Prendendo la parola in questo consesso mondiale, sento che tutto, tranne la vostra personale cortesia, è contro di me...». Poi, dopo avere ricordato il contributo offerto dalla Resistenza italiana alla sconfitta del fascismo e del nazismo, fece notare che molti soldati italiani deportati in Jugoslavia erano ancora internati nei campi di concentramento, sebbene l'accordo Alexander-Tito ne avesse previsto l'immediato rimpatrio. Ricordò che molti militari italiani avevano combattuto al fianco dei partigiani jugoslavi, «lavando con questo pegno di sangue le antiche offese» e riconobbe infine che nella regione non esisteva una linea etnica precisa a causa della commistione della popolazione. Di conseguenza, chiedeva urgenti misure per rimediare alle ripercussioni economiche negative provocate in Istria dalla «linea Morgan». La quale linea, sottolineava De Gasperi, aveva separato dalla madrepatria circa 200.000 italiani che sicuramente sarebbero stati espulsi o comunque indotti ad abbandonare le proprie case.

Con questo discorso, Alcide De Gasperi dichiarava ufficialmente di assumere come base per le ulteriori trattative la cosiddetta «linea Wilson», proposta a suo tempo dall'omonimo presidente americano alla fine della prima guerra mondiale.

L'altro rappresentante italiano, Ivanoe Bonomi, dopo avere riconosciuto le responsabilità del fascismo e tracciato un quadro storico in cui si rifletteva l'italianità della regione giuliana, raccomandò come ultima richiesta che almeno Pola e le isole di Brioni e di Lussino restassero a far parte del Territorio Libero di Trieste.

Oltre ai rappresentanti jugoslavi, anche i delegati russi furono molto duri nei nostri confronti e non mancarono di ribadire il concetto della «pace punitiva» per l'Italia, colpevole di avere invaso l'URSS e la Jugoslavia al fianco dell'alleato tedesco. Capeggiava la delegazione sovietica Andreij Višinskij, il famigerato artefice delle «purghe» staliniane che avevano mandato a morte quasi tutti i principali dirigenti del Partito comunista bolscevico. Vyšinskij pronunciò contro l'Italia una requisitoria di estrema violenza in cui non mancarono gli insulti e gli attacchi personali. Egli ricostruì a modo suo la storia della prima guerra mondiale sostenendo che l'Italia non aveva contribuito alla caduta degli Imperi centrali, ma che aveva invece svolto «una politica sleale, ipocrita, falsa, venduta e definibile come una politica da sciacalli», che si era ripetuta anche durante la seconda guerra mondiale. Definì il Trattato di Rapallo, col quale nel 1920 italiani e jugoslavi avevano liberamente stabilito i nuovi confini, come «un furto perpetrato ai danni della Jugoslavia». Accusò i generali italiani di essere somiglianti «agli eroi romani quanto un asino può rassomigliare a un leone» e l'esercito italiano di essere «più abile alle corse a piedi che alle battaglie». Non risparmiò dal suo greve sarcasmo lo stesso Alcide De Gasperi, ma se la prese soprattutto col vecchio Ivanoe Bonomi che definì «traditore del popolo» ricordando – come si trattasse di un reato gravissimo – che questi era stato allontanato nel 1911 dal Partito socialista italiano per avere sostenuto la campagna di Libia. Il delegato sovietico concluse la sua veemente requisitoria ribadendo che Trieste e l'Istria appartenevano indiscutibilmente alla Jugoslavia.

Il «cinico baratto» proposto da Togliatti

Qualche settimana dopo, per riparare al moto di indignazione sollevato in Italia dalle dure parole di Vyšinskij, che avevano creato sconcerto anche negli ambienti di sinistra, Palmiro Togliatti si recò a Belgrado per incontrare Tito. Il 6 novembre 1946, rientrato in Italia, Togliatti rilasciò all'«Unità» una clamorosa intervista nella quale, sotto il titolo *Viva l'intesa italo-jugoslava!*, il segretario del Pci annunciava che il Maresciallo Tito era disposto a lasciare Trieste all'Italia qualora, in cambio, l'Italia acconsentisse a lasciare Gorizia alla Jugoslavia.

Il «cinico baratto», come venne subito definita dalla stampa la proposta di Togliatti, sollevò perplessità anche a sinistra e soprattutto all'interno del Psi, allora legato al Pci da un vincolante «patto d'azione». Scriveva infatti in quei giorni Pietro Nenni sul suo diario: «Giornata movimentata. La colpa è di Togliatti che, rientrato la scorsa notte da Belgrado, si è affrettato a dare all'"Unità" una spettacolare intervista nella quale annuncia che Tito rinuncia a ciò che non ha e ci chiede ciò che abbiamo». E ancora: «Sincero tutto ciò? Io intanto vado rimuginando quel che si può tirare di utile per il paese dalla bomba Togliatti. La verità nuda e cruda è che Tito ha alle spalle Stalin il quale non vuole gli americani nell'Adriatico».

La proposta di Togliatti non ebbe comunque alcun seguito, gli Alleati la ignorarono e proseguirono la discussione fino al 20 gennaio del 1947 quando la Conferenza della pace stabilì definitivamente i confini dell'Italia e del TLT sulla base della «linea» proposta dai francesi.

La nuova frontiera lasciava all'Italia Monfalcone e Gorizia dove, alla firma del Trattato, avrebbero potuto entrare le truppe italiane. In realtà, quando ciò avvenne, il 16 settembre del 1947, gli jugoslavi rifiutarono di abbandonare alcune zone di importanza strategica sul versante occidentale di Kolovrat. Ne seguirono alcuni incidenti di frontiera nel corso dei quali l'esercito italiano diede più volte «una palese dimostrazione di inefficienza». Un episodio fra i tanti. In un villaggio chiamato Crobolo, che secondo la «linea francese» spettava all'Italia, un sergente bosniaco con un pugno di uomini si rifiutò di cederlo agli italiani. Per convincerlo sarebbe stato necessario ricorrere alla forza, ma il comandante italiano, incerto sul da farsi, chiese lumi ai suoi superiori. La sua richiesta, seguendo l'ordine gerarchico, giunse alla fine sul tavolo del ministro degli Esteri Carlo Sforza il quale se la cavò con questa ineffabile risposta: «Mica vorreste far scoppiare la terza guerra mondiale per colpa di un sergente bosniaco testardo?». E fu così che Gad come tante altre località di confine diventarono delle «sacche» jugoslave in territorio italiano e tali sono rimaste ancora oggi.

Dopo un anno e mezzo di estenuanti trattative, si giunse così al 10 febbraio 1947: i rappresentanti del governo italiano accettarono di firmare a Parigi il Trattato di pace che privava l'Italia dell'Istria, compresa l'*enclave* di Pola. Nei giorni seguenti, le truppe alleate che presidiavano questa città furono ritirate per cedere il posto ai nuovi occupanti. Per gli abitanti di Pola si aprivano le porte dell'esodo.

Parte terza

ISTRIA ADDIO

L'esodo da Pola

«Pola, febbraio 1947. In questi giorni chi arriva a Pola si trova di fronte a uno spettacolo che lascia perplessi» scriveva Tommaso Besozzi in una magistrale corrispondenza dall'Istria per «L'Europeo»:

Ovunque i segni della partenza, e che sia essa quasi totale non c'è dubbio. Trentamila su trentaquattromila avevano chiesto di essere trasferiti nella penisola e trentamila abbandoneranno realmente le loro case prima che Pola sia consegnata ai soldati di Tito. Lungo le banchine, da Scoglio Ulivi fin quasi all'Arsenale, si levano cataste di mobili. La neve li ha coperti. Alla stazione ferroviaria attendono altre montagne di masserizie. Si cammina per le strade di Pola; tutte le case rintronano di martellate. A Venezia c'è un ufficio staccato della Presidenza del Consiglio per l'organizzazione logistica dell'esodo. Una settimana fa, fu recapitato a questo ufficio un marconigramma contraddistinto dalle sigle della precedenza assoluta. Diceva: «Pola senza chiodi e listelli. Pregasi provvedere con estrema urgenza». Così, partendo per il suo primo viaggio la motonave *Toscana* portava nelle stive quattro tonnellate di chiodi e parecchi metri cubi di listelli da imballaggio. Arrivò all'imboccatura del porto; una lancia a motore accostò e da bordo della nave gettarono la biscaglina al pilota; ma l'uomo dondolava ancora ai bordi dei pioli della scala che lo sentirono gridare: «I chiodi?». Il comandante non era al corrente della cosa. Rimase interdetto. «I chiodi, i chiodi?» continuò a chiedere il pilota irritato. Finalmente il nostromo, che dirigeva la manovra, emerse da una nube di vapore e riferì che nella stiva c'erano centosessanta sacchetti più pesanti del piombo: ammesso che non si trattasse di marenghi, si poteva benissimo pensare che fossero chiodi. Allora il pilota salì sul ponte e disse al comandante che, se credeva, poteva dare l'«avanti adagio» alle macchine...

Giorno per giorno le case di Pola si svuotano. Gli italiani se ne vanno nella proporzione di diciannove su venti. Giorno per giorno dalla periferia avanzano gli slavi: quelli residenti da anni nei sobborghi e quelli che continuamente filtrano attraverso la «linea». Vanno ad occupare gli alloggi migliori al centro e attorno al porto... «L'Arena di Pola» continua ad essere stampata ogni giorno, ma da un pezzo vi si leggono solo le notizie dell'esodo. Pubblica ogni giorno due colonne di partecipazioni di matrimonio (i fidanzati vogliono sposarsi a Pola prima di partire) e quattro o cinque colonne fitte di annunci economici («Disponibile mezzo vagone da Ancona a Terni», «L'ufficio del rag. Tizio lo troverete da oggi in via Caio a Vicenza», «Corda e chiodi urgono» ripetuto cento volte come un'invocazione di soccorso. «Si cerca un magazzino a Marghera», «Domestica polesana si offre a polesano che si rechi a Spoleto...»). La vecchia cieca che chiedeva l'elemosina sui gradini del duomo ha pubblicato anche lei un annuncio: ringrazia e saluta tutti; se le lasciano i lumini li accenderà; imparerà a distinguere le tombe come ha imparato a orizzontarsi senza guida per le vie di Pola...

La «crisi dei chiodi» è solo l'aspetto più pittoresco del dramma vissuto dagli italiani di Pola e dell'Istria costretti dall'infuriare della «pulizia etnica» ad abbandonare la terra dove erano nati, dove avevano costruito le loro case e sepolto i loro morti. Chiodi e listelli, casse e cordami rappresentavano il materiale indispensabile per imballare quelle poche masserizie, non comprese nella «lista nera», che i cosiddetti optanti, ossia gli italiani che rifiutavano la slavizzazione, potevano portarsi appresso nel forzato esilio.

Fra le tante vessazioni cui gli italiani erano sottoposti c'era infatti anche una «lista nera» di oggetti e strumenti casalinghi il cui trasporto in Italia era rigorosamente vietato. Fra questi, le macchine da cucire, le biciclette, eventuali motoveicoli, apparecchi radio e qualsiasi tipo di elettrodomestico. I partenti venivano così a trovarsi nella situazione di alienare le proprie cose regalandole ai vicini di casa che non partivano oppure a venderle a prezzi da strozzinaggio. Un'altra angheria riguardava la somma di denaro che ogni cittadino poteva portare all'estero. Prima dell'esodo, la somma era libera salvo che le lire dovevano essere cambiate in dinari nella proporzione imposta dai titini di uno a tre. Successivamente, quando furono aperte le opzioni, la somma fu ridotta a tremila dinari mentre il cambio veniva fissato alla pari. Facciamo un esempio: dapprima, se un cittadino possedeva diecimila lire otteneva in cambio trentamila dinari ma, dopo il giro di vite imposto dalle autorità jugoslave, le diecimila lire diventarono automaticamente diecimila dinari e poiché ogni optante non poteva portare più di tremila dinari, il resto veniva confiscato... Una rapina vergognosa cui nessuno riusciva a sfuggire.

Alla frontiera o davanti agli scali, i partenti subivano lunghe e minuziose perquisizioni. Per ore ed ore, mentre cresceva l'angoscia, i *drusi* e le *drugarice*, i compagni e le compagne, di guardia ai confini aprivano ad una ad una le casse d'imballaggio per sottoporle a controlli interminabili, mentre gli optanti incolonnati su lunghe file erano sottoposti a perquisizioni che si spingevano fino alla biancheria intima. I miliziani frugavano dappertutto e più di una collanina, di un anello, di un orologio venivano strappati ai legittimi proprietari. I partenti erano infatti alla completa mercé dei doganieri senza che nessuna legge li tutelasse e ne garantisse i più elementari diritti.

Dal nostro inviato Indro Montanelli

Tutto questo accadeva a Pola nel febbraio del 1947 sotto gli occhi del generale inglese Robert W. De Winton, governatore uscente della città, dopo che la firma del Trattato di pace l'aveva assegnata agli jugoslavi. «Ciò che più indigna» scriveva Indro Montanelli, testimone oculare dell'esodo degli italiani dall'Istria «non è tanto l'abbandono di Pola quanto il modo in cui viene eseguito; in uno stillicidio di morti, nella continua insicurezza delle persone, in una ragnatela di difficoltà per i nostri e di condiscendenza per gli altri: tutto per "sdrammatizzare", tutto per negare che esista un problema polesano. Ma i quattro caduti di ieri» continua Indro Montanelli «ma il partigiano maciullato che agonizza nell'infermeria del *Toscana*, ma questa gente fra cui mi trovo che gremisce i ponti e la stiva, queste mamme dal volto incorniciato in lunghe pezzuole nere che stringono al seno bambini lattanti avvolti in fazzoletti tricolori non c'è tentativo di propaganda che basti a "sdrammatizzarli".»

Nella sua indignata corrispondenza, Montanelli non esita a polemizzare anche con coloro che in quei giorni, in Italia, tentavano di mascherare la «pulizia etnica» attuata spregiudicatamente dai titini con la teoria diffusa ad arte secondo la quale l'esodo era espressione dei ricchi borghesi e dei fascisti che fuggivano dal comunismo. Confessa il giornalista:

Anche io avevo avuto il dubbio, in un primo momento, che questo timore fosse retaggio soltanto di una certa classe, spaventata all'idea di venire sottoposta a un determinato regime sociale e in grado di sostentarsi anche fuori del proprio paese. Mi ingannavo. Per il 95 per cento questi esuli sono dei poveri diavoli e le loro masserizie ne denunciano la miseria. Ammassate in lunghi capannoni alla Scomenzera e alla Giudecca, lunghe teorie di materassi sdruciti, di cassettoni traballanti, di letti sgangherati, di sedie e di tavoli zoppi, di gabbiuzze con canarini spauriti, di cagnetti bastardi legati con uno spago documentano l'origine proletaria dei loro proprietari. Il comunismo e l'anticomunismo non c'entrano. Non fuggono i contadini perché sono anticomunisti, non fuggono gli operai e gli artigiani, non fugge il comunismo chi non ha nulla da perdere. L'unico italiano di Pola (persino due pazzi: un maschio e una femmina, hanno voluto fuggire) che aveva mostrato intenzione di rimanere, è un professore comunista che, subito dopo la liberazione, fondò un circolo di cultura italo-slavo puntando sulla carta della fraternizzazione. Ieri ha chiesto anche lui di imbarcarsi. Lo aveva chiesto anche il sindaco italiano e comunista di un paesetto vicino, di nome Facchinetti, ma non ha fatto in tempo: una pallottola lo ha freddato mentre preparava i bagagli.

Il governo italiano sconsiglia l'esodo

L'esodo da Pola di oltre trentamila dei suoi trentaquattromila abitanti va distinto dall'esodo degli italiani della zona «B» e degli altri territori istriani e dalmati. Questi ultimi, come si è già detto, non attesero la firma del Trattato di pace per abbandonare le loro case e le loro cose. Fin dai primi giorni dell'occupazione slava fuggirono a migliaia, ma alla spicciolata, tra mille insidie e pericoli mortali, con ogni mezzo a disposizione e pagando di tasca propria il viaggio a chiunque fosse in grado di trasferirli in Italia. «Fuggono dalla loro città» riferiva nel settembre del 1945 il segretario del CLN di Rovigno «abbandonando ogni cosa, di notte, attraverso i boschi o con piccole imbarcazioni per mare, verso un destino e un domani di miserie e di fame, prima ancora di sapere a chi sarà assegnata la loro città.»

Le scene che si verificavano ai posti di frontiera, o lungo gli approdi costieri del Veneto, della Romagna o delle Marche, non erano molto dissimili da quelle che si ripeteranno cinquant'anni dopo ai confini dell'Albania o lungo le coste pugliesi. Con la differenza che allora non c'era la televisione a documentarle e mancavano purtroppo anche adeguati centri di accoglienza.

Malgrado i gravi episodi di «pulizia etnica», che non potevano essere ignorati dalle nostre autorità, il governo italiano tentava infatti in tutti i modi di non agevolare l'esodo. Si temeva che la fuga degli italiani e l'afflusso di immigrati slavi provenienti dall'interno della Jugoslavia, modificando la composizione etnica della regione, potessero nuocere alle rivendicazioni italiane sulla Venezia Giulia durante le trattative alla Conferenza della pace. Sicuramente in buonafede, il ministro degli Esteri Alcide De Gasperi, con una lettera riservata inviata al capo del governo Ivanoe Bonomi, aveva anche proposto addirittura che i circa 120.000 italiani, fra profughi, soldati ed ex deportati in Germania oriundi della regione giuliana, sistemati alla meglio nei campi di accoglienza, fossero messi in condizione di fare ritorno alle loro case, magari con l'incoraggiamento di un sussidio straordinario...

Per motivi completamente diversi, l'esodo era ostacolato anche dal Pci. Ufficialmente perché, come ebbe a dire Togliatti, «non si ravvisava la necessità» di una fuga in massa dall'amica Jugoslavia, in realtà perché si temeva la ricaduta negativa sull'immagine del comunismo.

Nella zona «B», gli italiani che vi risiedevano resistettero più a lungo al desiderio di fuggire, cullandosi nella speranza che alla Conferenza della pace il TLT non venisse assegnato alla Jugoslavia. Ma, nel luglio del 1946, quando il ministro degli Esteri britannico Ernest Bevin annunciò alla Camera dei Comuni che gli Alleati erano propensi a adottare la «linea francese», scoppiò il panico. Quasi tutti gli italiani presentarono la richiesta di espatrio, mentre le autorità jugoslave presero adeguate misure per regolare l'esodo a proprio vantaggio. Per esempio, fu fatto il possibile per trattenere i tecnici e gli operai specializzati con lusinghe e promesse di un lavoro sicuro mentre, nel contempo, veniva rincarato il «prezzo» che gli esuli volontari avrebbero dovuto pagare. Alla presentazione della domanda, per esempio, ogni optante perdeva automaticamente la carta annonaria e il posto di lavoro. Chi possedeva dei beni perdeva ogni diritto di proprietà, ma era obbligato, nel contempo, a pagare le tasse per l'intero anno. Tenendo conto che dalla presentazione della domanda all'autorizzazione all'espatrio trascorrevano dei mesi, ciò significava per molti la miseria e la fame. Un'altra disposizione consentiva alle autorità di espellere dalla zona «B» i familiari di chi era considerato «fascista». Lo stesso provvedimento colpiva anche i familiari di chi era già a suo tempo espatriato. A tutti era consentito di portare con sé solo il bagaglio a mano, il resto veniva incamerato.

Il CLN di Pola si ribella a De Gasperi

L'esodo degli italiani da Pola cominciò più tardi e, a differenza degli altri, fu rapido e massiccio. Come si ricorderà, il capoluogo istriano era racchiuso dentro i limiti angusti di un'*enclave* della zona «A» amministrata dagli

Alleati e rappresentava una sorta di piccola «isola felice» nel cuore dell'Istria slavizzata. Questa sua posizione privilegiata aveva esercitato un forte richiamo e molti italiani dei centri vicini vi erano tumultuosamente affluiti per fuggire dalle persecuzioni cui erano sottoposti da parte delle autorità jugoslave. L'aumento della popolazione e l'isolamento della città, che poteva essere rifornita soltanto via mare, avevano provocato gravi disagi, il costo della vita era aumentato vertiginosamente ed imperava la borsa nera, tuttavia il senso di sicurezza diffuso dalla presenza dei militari alleati rendeva la situazione più che sopportabile.

Ancora verso la fine del 1946 regnava in città un certo ottimismo rinforzato da voci incontrollate secondo le quali gli Alleati non intendevano cedere a Tito quella importante base navale. Di conseguenza, tutte le richieste avanzate dal CLN di Pola, affinché si procedesse preventivamente all'organizzazione di una evacuazione eventuale della città, furono ignorate dal governo di Roma sia perché la cessione di Pola alla Jugoslavia era ritenuta improbabile e sia perché un esodo anticipato avrebbe potuto avere riflessi negativi sulla Conferenza della pace in corso a Parigi.

Anche quando, verso la fine del dicembre del 1946, tutto cominciava a far presagire che gli Alleati avrebbero adottato la «linea francese» che stabiliva, fra l'altro, il passaggio automatico di Pola sotto la sovranità jugoslava, il governo italiano continuò a perdere tempo prezioso. Per ignoranza della realtà, o per puro calcolo politico, a Roma si continuava ad essere ostili all'esodo. Alcide De Gasperi, per esempio, insistette a lungo nel chiedere ai rappresentanti polesani di compiere ogni sforzo per considerare la possibilità di rinunciare all'evacuazione. Secondo il suo punto di vista, la permanenza degli italiani a Pola era una questione di interesse nazionale. Se gli italiani vi rimanevano, rappresentando essi quasi il cento per cento della popolazione, ciò avrebbe fornito al governo italiano lo strumento necessario per rivendicare, in un futuro più o meno prossimo, la restituzione della città. Partita invece la nostra popolazione e sostituita questa dagli immigrati slavi, l'Italia avrebbe perduto definitivamente ogni diritto sulla città.

Questo ragionamento, che poteva avere una sua validità in un caso di contestazione confinaria fra due paesi democratici, non poteva certamente essere condiviso dai cittadini polesani che avevano subìto per quarantacinque giorni la dominazione jugoslava e che per nessuna ragione intendevano ripetere quella terribile esperienza. Così, quando i rappresentanti di Pola tornarono da Roma con la notizia che il governo italiano muoveva obiezioni all'opportunità dell'esodo, l'intera città insorse. Lo stupore e lo sdegno furono generali e l'ondata di proteste investì la stessa persona del Presidente del Consiglio accusato di cinismo o comunque di non comprendere la reale situazione e il pericolo incombente.

In realtà, De Gasperi si trovava in un frangente complesso ed estremamente delicato. Come capo del governo aveva il dovere di compiere ogni sforzo per salvaguardare i diritti dell'Italia su Pola. Come politico doveva sostenere le violente bordate che gli muoveva contro Palmiro Togliatti dal quale veniva additato all'opinione pubblica come l'«istigatore» di un esodo non necessario, per fini meramente propagandistici. Come uomo non se la sentiva di incoraggiare il salto verso l'ignoto di una popolazione, in pieno inverno, in un'Italia uscita disastrata dalla guerra e incapace di organizzare una adeguata accoglienza.

Fu per questo che quando, a fine dicembre, venne annunciato che il 10 febbraio 1947 sarebbe avvenuto il passaggio dei poteri dall'autorità alleata a quella jugoslava, il CLN di Pola, di propria iniziativa, mise il governo di fronte al fatto compiuto dichiarando aperto l'esodo dalla città. Da quel momento, ogni famiglia dovette scegliere il proprio destino.

«Ci sono cose che accadono e non si sa bene perché» raccontano in un libro bello e struggente Anna Maria Mori e Nelida Milani, due «ragazze del '47», di Pola, che l'esodo ha diviso e rese straniere (il libro si intitola *Bora*, l'ha pubblicato Frassinelli e spiega il dramma giuliano molto meglio di un saggio):

Accadono e basta e noi ci siamo dentro. Cosa possiamo cambiare? Nell'aria è sospesa una specie di angoscia che penetra fino in fondo ai cuori. Dalle colline argentate di ulivi e dai paesi, dai boschi e dalle strade, dalle spiagge di scoglio sul mare, dalle vigne coltivate in fortezze di sasso, centinaia di migliaia di figure e voci giungono in processione. Si susseguivano i dibattiti, discussioni, visite di commissioni internazionali, cortei contrapposti, sputi e invettive, discorsi dal palco, la predicazione comunista – capo gettato all'indietro, pugno sul tavolo come un martello – secondo cui la sola verità doveva essere la loro, scandita, urlata, sbraitata. E tutto sulla testa della povera gente, come se fosse in corso un processo per colpe storiche, ataviche, colpa di essere nati sotto una stella sbagliata.

Tra gli avvertiti, c'erano quelli che si sentivano *imbiliati* (infuriati) contro De Gasperi, quelli schiantati dal dolore, quelli che diventavano pensosi non potendo trovare la loro felicità nel primo piano quinquennale, quelli che parlavano del più e del meno in preda a capricci di autocompassione o sull'orlo della disperazione, quelli che dopo si sarebbero suicidati per non sapere scegliere tra una repentina partenza e una lenta e misera rovina, quelli che d'un subito infilavano la testa nel cappio e lo stringevano attorno al collo con lenta cura come la cravatta della domenica, quelli che piangevano perché erano già stati sinistrati, avevano perduto tutto sotto i bombardamenti e non avevano ancora riparato i danni, così si difendevano dalla ferocia dell'inverno con materiali d'accatto, tavolacci, travature di legno, infissi, portoni, trafugati dalle batterie e dai cantieri, quelli che annegavano nelle lacrime che versavano, quelli che si procuravano serate davanti al bicchiere pesante da osteria, malvasie molto vivaci per umori molto cupi, quelli che erano contenti e si sbracciavano dando a tutti del «compagno», quelli che non riuscivano a digerire lo slavo, tentavano ma non ce la facevano, vendevano il mobilio per due soldi, non mangiavano più e traslocavano con una tomba scavata nella testa, quelli che trovavano la cosa scandalosa e quelli che la trovavano naturale e giusta, quelli che mettevano in pratica la solita filosofia del focolare «*fioi, acqua in bo-ca, prima vedemo dove che tira el vento*» per una specie di acquiescen-za, una disposizione ad assuefarsi, ad accettare e anzi a cercare in qualche modo di trarne profitto, quelli che usavano antidoti robu-sti e atavici come l'ironia, i grani di follia, una disposizione beffar-da coronata dalla mossa così in voga, con tanto di sculettamento accompagnato dall'esclamazione «ciana!», quelli che la buttavano in valzer perché nessuno aveva il potere di dare aiuto in quel fran-gente, e allora ridevano perché credevano fermamente nello hu-mour, canticchiavano «avanti popolo, è giunta l'ora, chi non lavora, non mangerà» e, quando non ne potevano più, sceglievano la par-tenza senza ritorno.

Si portano via anche i morti

Mentre Roma continuava a tergiversare, a Pola furono aperti gli uffici per l'evacuazione, distribuiti i certificati di profughi e noleggiati alcuni velieri per il trasporto delle masserizie. Le quali, secondo le disposizioni degli orga-nizzatori, dovevano essere accatastate sui moli per essere spedite in Italia prima dei loro legittimi proprietari. In quei giorni, l'intera città si trasformò in un'immensa fale-gnameria. Ogni casa rintronava di martellate. Assi, casse, cartoni diventarono merce preziosa per gli imballaggi. So-prattutto mancavano i chiodi, come abbiamo già visto, che furono razionati (tre etti per famiglia). Non esistendo i limiti imposti dagli jugoslavi nella zona «B», i polesani cercarono di portarsi via tutte le loro cose. Molti si recaro-no al cimitero per disseppellire i loro morti e portarsi via le ossa. Quasi tutti staccarono un pezzetto di pietra dal-l'Arena per conservare un ricordo simbolico della loro città. Fu «imballata» anche la salma dell'eroe Nazario Sauro per trasferirla a Venezia.

Tutto ciò accadeva nei giorni delle feste di Natale e quello fu certamente il più triste Natale della gente di Po-la. Accatastate le masserizie lungo gli scali, cessata ogni attività lavorativa, venuta meno ogni possibilità di procu-rarsi generi di conforto, la popolazione viveva accampata nelle proprie case vuote in attesa di potersi imbarcare sulle navi che il governo di Roma avrebbe dovuto inviare. Anche la stagione si accanì contro i partenti. I trasporti delle cose e delle persone furono fatti sotto la tormenta di neve o sotto piogge interminabili che sfasciarono molte delle masserizie ammucchiate lungo le rive.

Nel loro bel libro scritto a quattro mani, Nelida racconta ad Anna Maria:

Ricordo il suono dei martelli che battevano sui chiodi, il camion che trasportava la camera da letto di zia Regina al molo Carbon, avanzando tra edifici mortalmente pallidi di paura, e tutti gli imballaggi che si infradiciavano nella neve e nella pioggia. La grande nave partiva due volte al mese, dai camini il fumo saliva al cielo come incenso e insinuava negli animi il tormento sottile dell'incertezza e l'ombra dell'inquietudine; ognuno si sentiva sempre più depresso dall'aria di disgrazia che aleggiava sugli amici che si incontravano per strada.

Via via il *Toscana* aveva infornato tutti i polesani: le famiglie bene, molti professionisti, il farmacista, l'ufficiale che ha sposato la cecoslovacca, il dentista che ha sposato l'ungherese, il cantante che ha sposato la slovena, il professore d'inglese che ha sposato l'italiana, la vedova di un ebreo, la bella Vanda che riceveva i soldati americani, lo scroccone di sigarette americane, l'ubriacone che, caldo della grappa in corpo, scioglieva la neve dove cadeva disteso, il vecchio suonatore di *rimonica* seguito dal suo bastardino, le sorelle Antoni che imbarcavano anche il padre moribondo, pur non potendo ragionevolmente pensare che il vecchio sarebbe tornato come speravano per se stesse, e neppure avrebbe raggiunto la destinazione che si erano proposte. Era partito anche il parroco di Gallesano, trascinandosi dietro un cassone pieno dei testi più amati, Sant'Agostino, Santa Teresa, e annunciando la fine del mondo per la domenica seguente. Centinaia di gallesanesi ci credettero. Ma quando videro che non era successo niente non si arrabbiarono come si poteva immaginare. Pensarono che il prete aveva fatto male i calcoli e la maggior parte non smise di credere in lui. Partì il mondo dei mille mestieri, l'operaio e l'artigiano, il contadino e la tabacchina, l'ortolano, il bandaio, il carraio, l'impagliatore, il bottaio, il fornaio, il muratore, il veterinario: partirono gli operai di fabbrica, i fonditori, i fabbri, i meccanici della *K. und K. Marine Arsenal*, i motoristi e i tornitori di Scoglio Ulivi, i falegnami e i calzolai, lo stagnino, la rammendatrice, il pastaio, il barbiere, i garzoni di bottega, i pescatori con odore di salsedine, di ostriche e di alghe, i minuti artigiani di ogni cosa, dal vino ai mattoni, dal sego ai vetri, dai cappelli ai nastri, dalle paste alimentari al *saldame*, dalle barche ai libri, dall'opera lirica ai giornali. Partirono i padri dei ragazzi partigiani e poi anche gli ex partigiani. Invano avevano cercato di far fronte a una civiltà incomprensibile. Che cosa avevano fatto per meritarsi quel mondo in cui sentivano di non avere alcuna possibilità di condurre una vita piena, realmente umana? Per noi che restavamo, era l'inizio di una nuova era. Dopo, infatti, le cose non sarebbero mai più state uguali, né facili.

Istriani «fascisti» ospiti indesiderati

L'esodo spontaneo di tutti i polesani, salvo rare eccezioni, senza distinzione di classe o di fede politica aveva sollevato una forte impressione sull'opinione pubblica italiana. La stampa comunista era in serio imbarazzo. Diventava sempre più difficile continuare a sostenere che quella massa macilenta di profughi che si ammucchiava disperata nei campi di raccolta, fosse composta di «fascisti» e di «nemici del popolo». E tuttavia gli *agit-prop* del partito non demordevano dalla loro propaganda mistificatrice. Si registrarono in quei giorni cupi degli episodi che si preferirebbe dimenticare. A Venezia i primi profughi sbarcati dal *Toscana* (fra i quali molti partigiani del battaglione «Budicin» che avevano combattuto al fianco degli slavi) furono accolti da una manifestazione ostile. Una salva di fischi fu riservata alla salma di Nazario Sauro.

A Bologna, dove funzionava un centro della Pontificia Opera di Assistenza, accadde l'incredibile: i ferrovieri comunisti minacciarono di scendere in sciopero se un treno di esuli proveniente da Ancona fosse entrato in stazione. Il convoglio, con il suo carico umano disperato, fu respinto e dirottato verso La Spezia dove i profughi furono accolti ed ospitati in una caserma della Regia Marina e successivamente alloggiati in appartamenti messi a disposizione dall'Amministrazione comunale.

La storia di Pola era intimamente legata a quella della

Marina militare, che della città istriana aveva fatto una efficiente piazzaforte, fucina di uomini temprati alle dure fatiche del mare. Questa sua caratteristica la univa idealmente, e anche economicamente, alle altre città militari come La Spezia, Livorno e Taranto, dove molti esuli contavano parenti, amicizie e conoscenze di lavoro e dove trovarono, più che altrove, una buona accoglienza.

Anche se gli episodi di inciviltà furono limitati e circoscritti, in generale i profughi istriani non furono accolti in patria da particolari slanci di solidarietà. I tempi erano molto duri, la gente era afflitta da mille problemi personali di sopravvivenza, mentre la pesante campagna propagandistica protesa a salvaguardare l'immagine del comunismo contribuiva a creare un'atmosfera di freddezza attorno a questi ospiti indesiderati.

Un articolo di fondo di Palmiro Togliatti pubblicato dall'«Unità» il 2 febbraio aggravò la situazione suscitando polemiche, dubbi e incertezze. «Perché evacuare Pola?» si chiedeva con simulato candore il segretario del Pci. Poi accusava il governo (del quale, peraltro, faceva parte lui stesso) di portare avanti una politica che costituiva per l'italianità di Pola «un sacrificio che viene compiuto così gratuitamente, per ripicca forse, ma senza che nessuno abbia valutato con freddezza e con vero senso nazionale la portata, il significato, le conseguenze». E continuava affermando che «fra gli italiani che lo ispirano ci sono senza dubbio persone in buona fede, ma vi è senza dubbio anche gente che ha interesse a mantenere laggiù un focolaio di discordia».

Frattanto, il governo di Roma veniva subissato di proteste e di appelli anche da fonti molto autorevoli. Il console Justo Giusti Del Giardino sollecitava l'invio delle navi poiché «non è pensabile che gli italiani di Pola – non essendo il martirio un'aspirazione di massa – possano rimanere sotto il regime di Tito». Mentre da parte sua il vescovo di Pola, monsignor Radossi, telegrafava direttamente a De Gasperi: «Gente dorme sul duro pavimento. Mobilio marcisce sulla banchina per mancanza di mezzi di trasporto. Possono mancare i viveri. Prego prendere provvedimenti urgenti. Inutile, anzi doveroso non attendere. Comprendetelo una buona volta e credeteci, *altrimenti venite Voi qui e noi partiremo*».

Finalmente, il 27 gennaio il governo italiano decise di intervenire e l'esodo di massa della popolazione polesana ebbe inizio ai primi di febbraio, con il piroscafo *Toscana* in particolare, ma furono impegnate anche unità più piccole come le motonavi *Montecucco*, *Messina*, *Pola* e *Grado*.

L'esodo dei polesani suscitò una grande eco in tutto il mondo. Decine di inviati speciali di vari paesi, nonché i cinegiornali descrissero con commozione il dramma della popolazione di Pola paragonabile in quel momento soltanto alla fuga delle popolazioni tedesche dalle regioni occupate dall'Armata Rossa.

Il 20 marzo, quando il *Toscana* effettuò il suo decimo ed ultimo viaggio, la città rimase praticamente deserta. Ma per poco: dalla periferia e dai sobborghi accorsero infatti i nuovi occupanti che si impadronirono delle case che i loro proprietari avevano lasciato con gli usci aperti e, spesso, con un tricolore alla finestra.

A bordo del Toscana

Ricorda Anna Maria a Nelida nel loro struggente diario:

Ci imbarchiamo di sera, di nuovo grigio, pioggia, gelo, silenzio, scialli, ombrelli. Scendiamo nella stiva. Qualcuno, per non pensare e non parlare, tira fuori le carte e una bottiglia di vino. I pensieri e i dolori sono troppo grandi: c'è bisogno di alcol per farli tacere. E la notte, stivati come sardine in scatola in tre file di cuccette l'una sopra l'altra, centinaia di uomini, di donne e di bambini che fingono di dormire e fingono di non piangere, tutti resi uguali dallo stesso dolore e dalla stessa paura, ritornano disuguali: quelli di sopra, ubriachi, si pisciano addosso e annaffiano quelli di sotto che però non fiatano, limitandosi ad aprire gli ombrelli. E di notte, in rotta verso Venezia, chi si fosse affacciato nella grande pancia nera della nave *Toscana*, avrebbe visto nelle cuccette al primo piano una fila di ombrelli, neri anche quelli: se bisogna rassegnarsi alla pioggia che Iddio manda sulla povera gente, perché non ci si dovrebbe rassegnare alla pioggia che viene dagli esseri umani?

«...Papà, quando siamo venuti via, lasciando questa casa che ci apparteneva, cosa hai fatto? Hai chiuso la porta e gettato via le chiavi senza voltarti indietro?...»

«Ho consegnato le chiavi a coloro che erano stati mandati lì per prenderne possesso. E, pensa, gli ho anche lasciato un lungo elenco di tutto quello che avrebbero dovuto fare e non fare, raccomandando loro di scrivermi per tenermi informato. Sembrava brava gente, però non mi hanno mai scritto. La casa, nominalmente, restava mia, ma il governo jugoslavo requisiva il denaro degli affitti per ricuperare le spese di manutenzione. Quando siamo tornati a Pola dopo cinque anni, abbiamo trovato che il rapporto spese di manutenzione-incasso governativo degli affitti a scopo sostenimento delle spese di manutenzione, era sbilanciatissimo: noi dovevamo al governo jugoslavo non so quanti dinari per le riparazioni delle persiane... Risultato: di lì a poco la villa sarebbe stata nazionalizzata...»

«Dal pantano d'Italia è nato un fiore»

La mattina del 10 febbraio 1947, il brigadiere generale Robert W. De Winton, comandante della guarnigione britannica di Pola, lasciò di buonora il suo alloggio. Lo attendeva una giornata molto impegnativa. In quelle stesse ore, a Parigi, avrebbe avuto luogo la cerimonia della firma del Trattato di pace da parte dei rappresentanti del governo italiano ed a lui sarebbe toccato il compito di procedere al più delicato degli adempimenti previsti dal trattato: la consegna dell'*enclave* di Pola alle autorità militari jugoslave.

Quella mattina faceva molto freddo. Una bora gelida spazzava le strade di una città che pareva in disarmo: le luci dei bar erano spente, le saracinesche dei negozi abbassate, gruppi di persone si affannavano imprecando intorno a carri e carretti colmi di masserizie. Per circa venti mesi i suoi abitanti, rassicurati dalla presenza dei militari alleati, si erano cullati nell'illusione di sfuggire all'amaro destino che aveva colpito gli altri italiani della regione.

Ma ora tutti i sogni erano crollati e si dovevano fare i conti con la dura realtà.

Per espresso desiderio del comando militare titino, il passaggio dei poteri sulla città di Pola avrebbe dovuto avere luogo in concomitanza con la firma del Trattato di pace. Per l'occasione, la guarnigione britannica era stata schierata davanti alla sede del comando ed il generale De Winton, appena giunto, fu invitato a passarla in rassegna. La cerimonia si svolse sotto la pioggia e davanti a pochi curiosi dai quali si levarono mormorii di disapprovazione e qualche grido ostile: i polesani si sentivano abbandonati e traditi dai loro protettori.

De Winton stava avanzando verso il reparto schierato quando, dalla piccola folla presente, si staccò una giovane donna che si diresse verso l'ufficiale. Fu questione di un istante: la sopraggiunta estrasse dalla borsetta una pistola e fece ripetutamente fuoco senza pronunciare una sillaba. Tre proiettili colpirono al cuore il generale che morì sul colpo. Un quarto proiettile ferì un soldato che aveva cercato di proteggerlo.

Compiuto il delitto, la giovane rimase immobile, come fosse in trance. E si lasciò catturare senza opporre resistenza dai militari che si erano gettati sopra di lei.

Per qualche giorno, considerata la delicatezza del momento, le autorità alleate mantennero il massimo riserbo sul clamoroso episodio. E, per sdrammatizzarlo, furono lasciate circolare le versioni più strampalate: isterismo, delitto passionale, provocazione fascista e/o titina e così via. Solo più tardi, grazie ad un piccolo *scoop* di Indro Montanelli, presente a Pola come inviato del «Corriere della Sera», fu possibile conoscere la vera motivazione dell'attentato. Il giornalista rivelò infatti che le guardie avevano trovato in tasca dell'attentatrice un biglietto-confessione nel quale essa spiegava le ragioni che l'avevano spinta a compiere il delitto. In questo biglietto, dopo un preambolo retorico sull'Italianità dell'Istria e sul sangue versato dai martiri italiani, si leggeva: «Io mi ribello, col fermo proposito di colpire a morte chi ha la sventura di rappresentarli, ai Quattro Grandi i quali, alla Conferenza di Parigi, in oltraggio ai sensi di giustizia, di umanità e di saggezza politica, hanno deciso di strappare ancora una volta dal grembo materno le terre più sacre all'Italia, condannandole o agli esperimenti di una novella Danzica o con la più fredda consapevolezza, che è correità, al giogo jugoslavo, sinonimo, per la nostra gente indomabilmente italiana, di morte in foiba, di deportazioni, di esilio».

L'autrice dell'attentato aveva agito da sola e di propria iniziativa. Si chiamava Maria Pasquinelli, era nata a Firenze nel 1913, ma aveva vissuto a lungo a Bergamo dove si era diplomata maestra elementare e, successivamente, laureata in pedagogia. Fascista fervente, aveva frequentato la «scuola di mistica fascista» a Roma e, nel 1940, si era arruolata volontaria quale crocerossina al seguito delle nostre truppe in Africa settentrionale. Animata da un fervente amor di patria, per certi aspetti piuttosto eccessivo, Maria si era dedicata a quella che considerava una sua missione in maniera totale, trascurando affetti familiari e sentimentali. Sul fronte libico, come racconterà in un suo memoriale, aveva avuto modo di constatare «l'insufficiente partecipazione al combattimento di chi l'aveva predicato» nonché il basso morale delle truppe «non illuminate da alcun ideale». Il suo fanatismo la spinse spesso anche a compiere gesti esaltati. Come quando, nel novembre del 1941, lasciò l'ospedale di El Abiar dove lavorava per raggiungere la prima linea travestita da soldato, con la testa rapata e i documenti falsi. Scoperta, fu in seguito riconsegnata ai suoi superiori che provvedettero a rimpatriarla.

Nel gennaio del 1942, Maria Pasquinelli aveva chiesto di essere inviata come insegnante in Dalmazia e per qualche tempo aveva insegnato l'italiano nelle scuole di Spalato. Dopo l'8 settembre e le stragi di italiani compiute in Dalmazia ed in Istria, la giovane insegnante si era votata al ricupero delle salme dei nostri militari uccisi dagli slavi e a documentare le atrocità delle foibe. A Spalato individuò una fossa comune dove giacevano 200 militari della «Bergamo» e partecipò attivamente anche al ricupero di centinaia di infoibati.

Stabilitasi a Trieste, Maria Pasquinelli subissò di memoriali e di denunce le autorità della RSI. Cercò anche di stabilire contatti fra la Decima Mas e i partigiani italiani della «Franchi» e della «Osoppo» col proposito di costituire un blocco per la difesa dell'italianità della regione. Per questa sua attività venne arrestata dai tedeschi e minacciata di deportazione. Fu salvata da un intervento personale di Valerio Borghese, comandante della Decima Mas.

Descritta da chi la conosceva come donna di temperamento eccitabile, impetuosa e travolgente nelle discussioni, non fa meraviglia se essa subì una specie di trauma psichico nell'apprendere che i Quattro Grandi avevano abbandonato Pola e l'Istria a un destino senza scampo. Per questo uccise il generale De Winton, per richiamare l'attenzione del mondo sul dramma degli italiani dell'Istria. E, infatti, l'attentato fece molto rumore, sollevò interrogativi e suggerì qualche autocritica. Salvo la stampa comunista, che liquidò sbrigativamente l'episodio come un «rigurgito fascista», i giornali di tutto il mondo mostrarono comprensione e simpatia per la giovane donna italiana. Significativo è il dispaccio diffuso in quei giorni dall'«Associated Press», la più importante agenzia giornalistica americana. «Molti sono i colpevoli» scriveva il corrispondente da Pola, Michael Goldsmith. «I polesani italiani non trovano nessuno che comprenda i loro sentimenti. Il governo di Roma è assente, gli slavi sono apertamente nemici in attesa di entrare in città per occupare le loro case, gli Alleati freddi ed estremamente guardinghi. A questi, specie agli inglesi, gli abitanti di Pola imputano di non avere mantenuto le promesse, di averli abbandonati.»

Maria Pasquinelli fu processata due mesi dopo il fatto dalla Corte Militare Alleata di Trieste. Il dibattito si svolse senza tumulti né colpi di scena. L'imputata si dichiarò colpevole e spiegò le ragioni che l'avevano indotta a compiere l'attentato. Una sola volta l'aula fu fatta sgomberare dal presidente Chapman. Accadde quando il difensore avv. Giannini, invitato dal presidente ad adeguarsi alla procedura seguita dalla Corte alleata, rispose: «Prima di ogni altra cosa, signor presidente, io mi considero un italiano che difende una italiana». La frase provocò l'applauso del pubblico e si udirono gridi di «Viva l'Italia». Fu allora che l'aula venne fatta sgomberare.

Il 10 aprile la Corte alleata pronunciava la sua sentenza che condannava a morte Maria Pasquinelli. L'imputata l'accolse in silenzio, il pubblico rumoreggiò e le donne scoppiarono in singhiozzi. Il giorno seguente Trieste fu inondata da una pioggia di manifestini tricolori sui quali era scritto: «Dal pantano d'Italia è nato un fiore: Maria Pasquinelli».

In seguito, la pena capitale fu commutata in quella dell'ergastolo e Maria Pasquinelli fu trasferita nel penitenziario di Perugia. Tornata in libertà nel 1964, non ha mai concesso interviste e ha cercato di farsi dimenticare. Vive a Bergamo.

Il «controesodo rosso»

Mentre centinaia di migliaia di italiani abbandonavano le loro case per sfuggire al comunismo e alla slavizzazione, altri italiani, sia pure in numero assai più esiguo, affrontavano liberamente il percorso inverso spinti dall'utopia e dalla fede nella causa socialista. Di questo singolare controesodo, che ebbe una conclusione ben più tragica di quello pur amaro e drammatico dei profughi istriani in quanto, oltre al danno, ci fu anche la beffa, non si era mai parlato in questi ultimi decenni. Era infatti un capitolo doloroso della storia giuliana destinato a rimanere blindato negli archivi del Pci. Solo dopo la caduta del Muro di Berlino e la bancarotta del comunismo, alcuni superstiti, sentendosi ormai svincolati dalla disciplina di partito, hanno cominciato a parlare...

I vuoti aperti dal forzato esodo degli italiani nelle campagne dell'Istria erano stati facilmente colmati dall'afflusso di contadini sloveni e croati fatti giungere dall'interno della Jugoslavia. La stessa operazione si era però rivelata irripetibile nelle città e soprattutto nei cantieri un tempo efficienti ed operosi di Pola e di Fiume. Malgrado le lusinghe e le promesse delle autorità, le maestranze italiane, salvo rare eccezioni, avevano preferito l'esilio. Ripopolare i cantieri come era stato fatto per le campagne era impossibile per l'assoluta carenza di tecnici mentre, nel contempo, era indispensabile per il governo di Belgrado rimettere in movimento la produzione industriale. Fu così che, per risolvere il problema, i teorici slavi della «pulizia etnica» dovettero giocoforza ricredersi e chiedere aiuto ai «compagni» italiani.

L'«operazione controesodo», sviluppata nel massimo segreto, fu il frutto di un accordo di vertice fra i comunisti jugoslavi e i comunisti italiani. Da parte nostra, se ne occupò personalmente il vicesegretario del Pci Pietro Secchia. L'operazione prevedeva il trasferimento clandestino di volontari italiani, reclutati nei cantieri di Monfalcone, ma anche nelle altre fabbriche di Gorizia, di Trieste e del Friuli, ai quali sarebbe stato affidato il compito di contribuire, come allora si usava dire con slancio retorico, all'«edificazione del socialismo» in Jugoslavia. In parole più povere: a insegnare agli jugoslavi come far funzionare i nostri cantieri di cui si erano impadroniti.

Oltre l'aspetto economico, questo singolare esodo alla rovescia si prefiggeva anche un significato politico. La presenza di operai italiani nelle industrie di Pola e di Fiume avrebbe infatti consentito alla stampa comunista di sostenere che non tutti gli italiani, ma soltanto i «fascisti», avevano scelto la via dell'esilio.

A organizzare il controesodo con un'azione segreta e capillare svolta nelle sezioni, fu l'UAIS, l'Unione antifascista italo-slovena. I volontari furono circa duemila i quali, divisi in scaglioni, si trasferirono in Jugoslavia con le rispettive famiglie. Erano tutti specialisti e tutti fortemente ideologizzati. Molti di loro avevano combattuto la guerra partigiana nelle formazioni jugoslave. Sinceramente animati da uno spirito che superava i confini degli Stati, erano orgogliosi di poter partecipare alla costruzione del socialismo in un paese che si era liberato da solo dai nazisti e che aveva edificato la sua unità nazionale all'insegna della fratellanza dei popoli. Li animava anche la fierezza di far parte della mitica «aristocrazia operaia» che Lenin aveva indicato come la «punta di diamante» della rivoluzione proletaria.

I «monfalconesi», come saranno generalmente chiamati, cominciarono ad arrivare in Jugoslavia verso la metà del 1947, quando era ancora in pieno svolgimento l'esodo degli italiani dall'Istria. Nessuno si accorse del loro controesodo o, comunque, non fu registrato dalla stampa. I nuovi arrivati vennero destinati in gran parte alle industrie di Fiume e all'Arsenale e ai cantieri di Pola. Altri furono distribuiti in varie località nel cuore della Jugoslavia dove più era sentito il disperato bisogno di maestranze qualificate. Dovunque arrivarono, furono accolti dignitosamente e sistemati con le famiglie in maniera adeguata. Le paghe erano decenti, gli alloggi scelti fra i migliori a disposizione nelle città che li ospitavano. Fu concessa loro anche una completa autonomia nell'organizzazione politica. Erano tutti iscritti al Pci e poterono liberamente ricostituire le loro sezioni e le loro cellule. Capi carismatici dei «monfalconesi» erano tre operai: Ferdinando Marega, che era stato commissario politico in una brigata italo-slovena, Angelo Comar, anche lui ex partigiano, e Sergio Mori, un giovane maestro elementare della Spezia che lavorava come operaio.

Per qualche mese tutto filò liscio. Salvo qualche episodio di sciovinismo da parte jugoslava e le defezioni di alcuni italiani che preferirono tornarsene a casa dopo avere constatato di trovarsi in una realtà diversa da quella che si aspettavano, non si registrarono incidenti degni di nota. I «monfalconesi» lavoravano duro e l'entusiasmo non era mai venuto meno. Svolgevano un'intensa attività politica e mantenevano stretti legami con la federazione del Pci di Trieste. Forti della loro posizione di esperti indispensabili e anche dell'appartenenza al più forte partito comunista dell'Occidente, sapevano farsi rispettare. Quando qualcosa non funzionava bene in fabbrica, non esitavano ad organizzare forme di protesta. Una volta scesero anche in sciopero: il primo sciopero della storia della Jugoslavia comunista. «Non fu per ragioni politiche» racconterà Riccardo Bellobarbich, un monfalconese sopravvissuto a quella terribile esperienza «ma per colpa del peperoncino... Il cibo troppo piccante non era di nostro gusto. Protestammo invano e alla fine decidemmo di incrociare le braccia. Per gli jugoslavi era una cosa inaudita: gli altri operai ci guardavano sbigottiti come fossimo dei marziani. Ma alla fine la spuntammo, e i cuochi delle mense si adeguarono.»

I veri problemi cominciarono nel 1948 dopo la rottura fra Tito e Stalin seguita al rifiuto jugoslavo di aderire al Cominform, l'organizzazione creata da Stalin per imporre a tutti i partiti comunisti l'obbedienza sovietica. Per i «monfalconesi», stalinisti convinti e iscritti al Partito comunista italiano (il cui capo indiscusso, Palmiro Togliatti, figurava fra i primi firmatari della risoluzione che «scomunicava» Tito), fu un trauma. Animati da una fede cieca ed assoluta nell'URSS e nel suo partito-guida, ribellarsi alla volontà di Stalin era, per loro, peggio di un sacrilegio. Roba da non credere ai propri occhi. D'altra parte, non era stato lo stesso Milovan Gilas, allora braccio destro di Tito e teorico del marxismo, ad affermare che «senza Stalin neppure il sole splenderebbe come splende»? Ora, invece, Tito osava disobbedire al grande e amato capo di tutti i lavoratori, disertando la lotta comune per il socialismo e abiurando quella fede che aveva dato loro la forza di affrontare senza paura il fascismo e di sopportare la prigionia e le torture. No, per i «monfalconesi» tutto ciò era inammissibile.

La «quinta colonna» monfalconese

I primi a muoversi furono gli operai italiani che lavoravano nei cantieri di Fiume e di Pola. Alimentati attraverso canali segreti dal Pc del TLT, guidato da Vittorio Vidali, e dal Pci di Palmiro Togliatti, i «monfalconesi» costituirono per qualche tempo una «quinta colonna» cominformista cui era affidato il compito di riportare la Jugoslavia nell'orbita sovietica e liberarla dalla «cricca» di Tito diventato nel frattempo, sulla stampa comunista, il «lacchè dell'imperialismo». Per qualche tempo non furono disturbati. Il regime titino non era ancora preparato ad affrontare la reazione cominformista e, d'altra parte, duemila e passa «monfalconesi» rappresentavano una grossa forza politica che continuava ad esercitare una notevole influenza su quei comunisti jugoslavi che ancora non si erano allineati al nuovo corso.

Per qualche tempo, Ferdinando Marega, Angelo Comar e Sergio Mori, leader riconosciuti del gruppo cominformista, furono lasciati liberi di organizzare riunioni e di mantenere contatti con la federazione triestina. La polizia politica, comunque, non li perdeva d'occhio. In seguito, i dirigenti jugoslavi reagirono e, nel tentativo di giungere a un chiarimento, convocarono i «monfalconesi» nel teatro Partizan di Fiume. Erano previste poco più di duecento presenze, ma il teatro – con millecinquecento posti – non risultò sufficiente per ospitare tutti gli intervenuti. Per ore e ore, i massimi dirigenti giunti da Zagabria si affannarono per spiegare la posizione assunta dal Pcj e per controbattere le «calunnie del Cominform». Fatica sprecata: i loro interventi furono interrotti da mormorii di protesta e subissati di fischi. Ogni tanto, dalla platea si levava un grido, «Viva il compagno Stalin», e seguivano applausi scroscianti. Fra urla e schiamazzi, la situazione andò sempre più degenerando, fino a quando Ferdinando Marega non si levò in piedi e disse: «Questo posto non fa per noi. Andiamocene via!» e si avviò verso l'uscita seguito da tutti i presenti fra grida inneggianti a Stalin, a Togliatti e all'Unione Sovietica. In strada, i «cominformisti» italiani formarono un folto corteo che attraversò il corso al canto dell'*Internazionale*. Era la prima volta che si svolgeva una manifestazione apertamente rivolta contro il potere comunista nel nome del comunismo.

Naturalmente, questa situazione non poteva durare. Verso la fine del 1948 entrò infatti in azione l'OZNA, la famigerata polizia politica, che organizzò vaste retate di «monfalconesi» che furono poi deportati nei lager dell'interno e nelle isole. Solo Ferdinando Marega riuscì a non farsi prendere e, dopo avere operato per qualche tempo nella clandestinità, riuscì a rientrare in Italia. Qui giunto, informò immediatamente il partito di quanto stava accadendo in Jugoslavia. Raccontò delle persecuzioni, delle torture, delle deportazioni e dei «gulag» dentro i quali erano stati rinchiusi tanti compagni che non avevano voluto abiurare la fede. Ma non fu ascoltato. Anzi fu invitato, come lo saranno tanti altri «monfalconesi» sopravvissuti all'inferno jugoslavo, a mantenere il silenzio per «non danneggiare il partito». D'altra parte, in quel momento, se alla stampa comunista era consentito di diffamare Tito con ogni calunnia possibile, era invece proibito menzionare i «gulag» jugoslavi per non richiamare l'attenzione su quelli ben più numerosi che esistevano da tempo in Unione Sovietica. Di conseguenza, il Pci abbandonò i «monfalconesi» al loro tragico destino.

Le urla dal silenzio

«Avevo sei anni, ma il ricordo è vivo e quelle drammatiche immagini pesano ancora come un'ombra inquietante sulla mia coscienza di uomo e di comunista.» Chi parla è Armido Campo, figlio di Ribella e nipote di Vinicio Fontanot, famoso comandante della Brigata «Garibaldi-Natisone». Ora vive alla Spezia e, dopo circa cinquant'anni, si è deciso per primo a rompere il silenzio che la sua famiglia si era imposta per disciplina di partito. Racconta Armido:

Eravamo tutti comunisti dello zoccolo duro. Mia madre, Ribella, vedova di un deportato in Germania, si era risposata con Sergio Mori, il mio secondo padre, che era allora un *quadro* del Pci. Lasciammo Monfalcone all'inizio del 1947 per andare a vivere in Jugoslavia, dentro il comunismo reale, dal quale stavano fuggendo in massa gli italiani dell'Istria. Dopo la rottura fra Tito e Stalin, la mia famiglia venne deportata a Zenica in Bosnia. C'erano con noi altre famiglie di monfalconesi: i Battilana, i Bressan, i Comar, i Babuder, i Gratton e Elsa Fontanot. In quel villaggio finimmo a contatto con i prigionieri tedeschi condannati ai lavori forzati. Ricordo la pietà di mia madre e di mia nonna Lisa le quali, dimenticando che i nazisti avevano ucciso i loro mariti, portavano tazze di brodo a quei prigionieri immersi nella neve. Anche noi, per la verità, vivevamo come prigionieri, ma non portavamo le catene come i tedeschi. Restammo lì per più di un anno, completamente dimenticati dal Pci che non poteva ignorare quanto stava accadendo. Vittorio Vidali, certamente, sapeva tutto. Ma nessuno fece nulla per noi. Per questo, Sergio Mori decise un giorno di fuggire da Zenica e riuscì a raggiungere Zagabria dove si mise in contatto con il console italiano. Poco tempo dopo, grazie all'intervento del governo italiano, fummo liberati, tornammo in Italia e cademmo dalla padella nella brace... Le nostre case di Monfalcone erano state assegnate ai profughi dell'Istria, i nostri posti di lavoro anche. Ci consideravano degli appestati... Così Sergio decise di tornare alla Spezia, sua città natale. Qualche tempo dopo ci scrisse: venite tutti, ho trovato un lavoro nel cantiere Motosi. E noi partimmo... Quando arrivammo ci dissero che Sergio era morto precipitando in una stiva. Non aveva ancora trent'anni...

Nell'inferno dell'Isola Calva

Anche Riccardo Bellobarbich era un comunista dello zoccolo duro. Operaio qualificato come montatore aeronautico, anche lui lasciò Monfalcone per trasferirsi nel vi-

cino paese socialista dove pagò duramente l'opzione stali-
niana. Aveva trentatré anni quando, nel gennaio del 1947,
fu destinato nelle officine aeronautiche Icarus di Zemun,
presso Belgrado. Racconta Riccardo:

> Tutto filò liscio fino a quando scoppiò lo *scisma* di Tito. Mi arre-
> starono perché avevo organizzato una colletta per i nostri compa-
> gni deportati in Bosnia e fui condannato a 28 mesi di *lavoro social-
> mente utile* nell'isola di Sveti Grgur, San Gregorio. In realtà ai lavori
> forzati. Era un periodo molto confuso: ricordo che qualche mese
> dopo furono internati con me anche il giudice che mi aveva con-
> dannato e il pubblico ministero. La detenzione serviva al *ravvedi-
> mento*: a comandare ogni baracca c'era un kapò, un *ravveduto* e ogni
> giorno c'erano riunioni con interrogatori stringenti. Volevano sape-
> re tutto sui nostri rapporti esterni con i compagni e se non parlava-
> mo ci bastonavano. Alcuni sono arrivati al suicidio, altri a denun-
> ciare parenti e familiari. Era inverno e subii dieci giorni di
> isolamento con cibo razionato a metà e senza indumenti pesanti.
> Alla fine dei 28 mesi, il *tribunale* interno dei kapò stabilì che non ero
> ancora *ravveduto* e mi mandarono a Goli Otok, l'Isola Calva, per
> l'ultima fase di rieducazione. Dovevamo spaccare delle pietre ser-
> vendoci di altre pietre. Chi si fermava doveva essere bastonato dai
> compagni e chi non picchiava era a sua volta bastonato. Passai altri
> sei mesi a Goli Otok, poi fui liberato. Tornai a Fiume: volevo rien-
> trare in Italia, ma non avevo soldi, lavoro, passaporto. E qui comin-
> ciò il tentativo della polizia di farmi diventare delatore. Riuscii a
> farglielo credere. Ripresi il vecchio lavoro fino a quando mi conces-
> sero un permesso per tornare in Italia. Era il 1952...

Goli Otok, Isola Calva, viene oggi così descritta dai *dé-
pliants* delle agenzie turistiche croate: «Isola della pace,
bagnata da un mare straordinariamente pulito, ambiente
immacolato, immersa nel silenzio, isola di assoluta libertà». Fino a non molti anni fa, invece, Goli Otok era l'ultimo girone dell'inferno comunista. Milovan Gilas, che la
visitò, la definì «la nostra macchia più vergognosa». Si-
tuata nel Quarnero, formata di sole rocce di un bianco ac-
cecante, l'Isola Calva fu il peggiore dei tanti lager jugoslavi in cui finirono, insieme a moltissimi altri prigionieri
politici, centinaia di «monfalconesi». Completamente di-
sabitata, era stata trasformata in una sorta di Isola del dia-

volo dal famigerato ministro degli Interni jugoslavo Aleksandar Ranković. Della sua esistenza si è saputo soltanto pochi anni fa, grazie alle testimonianze del giornalista Giacomo Scotti, a un libro autobiografico di Livio Zanini, e ai racconti di pochi altri sopravvissuti.

Goli Otok non aveva nulla da invidiare ai lager nazisti e ai gulag sovietici. Isolamento, fame, bastonate, testa nel buco del cesso, esposizione al gelo, lavoro forzato, torture di ogni genere costituivano la pratica quotidiana. Il tutto cadenzato in maniera ossessionante da un grido inneggiante a Tito e al partito: *Tito-Partija! Tito-Partija!* che i prigionieri dovevano ripetere durante il lavoro.

La tortura più perversa era quella del *ravvedimento*. Il *ravveduto*, per dimostrare di essere tale, doveva massacrare di botte i compagni che stentavano a *ravvedersi*. Chi si rifiutava finiva in *boikot*, ossia in totale isolamento ed esposto alle violenze di chiunque. Virgilio Giacomini, un italiano che rimase a Goli Otok fino al 1953 e che fece la dura esperienza del *boikot* racconta:

Quando si veniva boicottati si portava anche un altro segno di distinzione oltre la camicia nera [*tale indumento veniva imposto a chi era deportato a Goli per la seconda volta, N.d.A.*]: i pantaloni con la striscia rossa come i carabinieri. Noi, in camicia nera e pantaloni strisciati di rosso eravamo gli ultraboicottati. Ciò significava che chiunque poteva picchiarci in qualsiasi momento, senza alcun motivo e senza dovere rispondere a nessuno. Molti, infatti, ci picchiavano, specie i montenegrini, per far vedere di essere ligi al dovere e del tutto rieducati. Con la camicia nera rimasi più di cento giorni fino a quando giunse a Goli il ministro Ranković. Lo vidi anch'io, passò vicino al nostro gruppo. Dopo la sua visita ci tolsero la camicia nera e cominciò a farsi strada un sistema più morbido. Non si picchiava più eccetto casi estremi. Potevano solo maltrattarci a parole, sputarci in faccia e farci altre angherie....

Le famiglie rispondono, il partito no

Nel 1953, dopo la morte di Stalin e il processo di destalinizzazione avviato da Nikita Kruscev, fra i molti «monfalconesi» ancora detenuti nei lager, insieme alla speranza di una prossima liberazione (una buona metà di essi saranno infatti amnistiati alla fine di quell'anno) si diffusero anche la delusione e lo sconforto. I cominformisti detenuti non avevano più un avversario con cui confrontarsi, né una motivazione politica che li aiutasse a sopportare la prigionia. Non si rendevano ancora conto di avere combattuto per niente, ma cominciarono a provare smarrimento e a nutrire i primi sospetti per un partito, il Pci, che li aveva mandati allo sbaraglio e che ora pareva essersi dimenticato di loro.

Neanche la pacificazione fra Jugoslavia e URSS, suggellata da una visita a Belgrado del premier sovietico, subito seguito da Palmiro Togliatti, modificò la situazione. Annotava nel suo diario Adriano Dal Pont, un comunista udinese detenuto dal 1949: «Kruscev è a Belgrado, lo segue a ruota Togliatti, la normalizzazione dei rapporti è evidente, ma noi continuiamo a restare dentro... Non riusciamo a capacitarcene. Scriviamo un esposto, nessuna risposta. Nervosismo crescente. Discussioni interminabili fra di noi. Perché siamo stati abbandonati? Abbiamo ripetutamente mandato fuori messaggi tramite coloro che rientravano. Costoro li hanno portati al partito e alle nostre famiglie. Le famiglie rispondono, il partito no...».

Soltanto tre anni dopo, quando una seconda missione del Pci, guidata da Luigi Longo, giunse a Belgrado, fu finalmente affrontato il problema dei «monfalconesi» ancora detenuti. Longo disse a Tito queste testuali parole: «Nelle vostre galere ci sono dei comunisti italiani che sono finiti dentro perché eseguirono i miei ordini. Non potete ricevere me come amico e compagno e continuare a privare quei miei compagni della loro libertà».

Qualche tempo dopo, Tito dispose che Adriano Dal Pont e gli ultimi «monfalconesi» detenuti fossero lasciati liberi di rientrare in Italia. Era il 19 ottobre del 1956.

Per molti anni la storia sembrava avere disperso nell'oblio i «monfalconesi» irriducibili che avevano subìto la più amara delle beffe. Essi stessi, d'altronde, preoccupati di non danneggiare il partito, si erano imposti il silenzio e avevano fiduciosamente blindato negli archivi del partito le loro storie personali, i documenti e le testimonianze raccolte durante gli anni di prigionia. Oggi, di questa documentazione preziosa, gli storici ancora non hanno trovato traccia e, forse, non la troveranno mai. Quasi tutto infatti è stato scientemente distrutto con la precisa intenzione di cancellare uno dei capitoli più sconcertanti della complessa questione giuliana. I tempi e le situazioni stavano mutando e il Partito comunista italiano non aveva alcuna voglia di rivelare le drammatiche vicende di questi fedeli e impavidi militanti che gli ricordavano il suo passato stalinista diventato nel frattempo fonte di imbarazzo e di vergogna. Meglio metterci una pietra sopra.

Un popolo intero sradicato dalla sua terra

Il controesodo comunista, pur nella sua cupa tragicità, non rappresenta che un insignificante rigagnolo controcorrente rispetto alla fiumana di italiani che la paura del comunismo, ma anche e soprattutto la terroristica campagna di «pulizia etnica», spingevano in senso inverso. Se l'esodo da Pola impressionò più degli altri per la sua compattezza (l'idea di una città intera che fa fagotto e abbandona le proprie case pur di salvare la propria identità nazionale commosse l'opinione pubblica mondiale), già 150.000 giuliani avevano cercato rifugio in patria e molti altri li seguiranno fino a raggiungere complessivamente le 350.000 unità. Un popolo intero che abbandonava la propria terra per rimanere nel proprio paese nel quale, paradossalmente, sarà considerato, se non proprio straniero, certamente un ospite indesiderato.

I recenti avvenimenti che hanno insanguinato l'ex Jugoslavia sollevando ondate di indignazione e commoventi slanci di solidarietà verso i profughi bosniaci e kosovari, vittime della rinvigorita «pulizia etnica» serbocroata, hanno riportato alla memoria l'analogo dramma vissuto cinquant'anni fa dai nostri fratelli giuliani. Anche se, a dire il vero, almeno fino al momento in cui stiamo scrivendo questo libro, non ci è ancora capitato di leggere o ascoltare un'autocritica o un riferimento franco ed obiettivo a questa scottante questione che per anni è stata colpevolmente dimenticata. Evidentemente, l'argomento non è ancora considerato politicamente corretto. D'altra parte l'Italia non ha la coscienza tranquilla di fronte a questi nostri disgraziati connazionali che hanno pagato per tutti il conto della seconda guerra mondiale. Per essi non è stato fatto tutto il possibile se è vero, come purtroppo è vero, che l'allora rappresentante del Governo Militare Alleato, Harold MacMillan, un giorno disse ai nostri governanti: «La colpa è tutta vostra. Siete voi che non volete salvare la Venezia Giulia».

In effetti, la questione di Trieste era un argomento scabroso per tutti i nostri governanti di allora (De Gasperi lo definirà «un tormento»). I motivi erano diversi e spesso contraddittori. Per capirli oggi, questi motivi, è necessario ricordare che si era appena usciti da una guerra disastrosa e da un ventennio di dittatura fascista che, imponendo al paese una ubriacatura patriottica, aveva provocato per reazione un senso di rigetto per ogni riferimento ai valori nazionali. Qualsiasi timido riferimento alla difesa dei nostri confini veniva bollato come «rigurgito fascista» e «segni preoccupanti di risorgente fascismo» erano definite le manifestazioni tricolori dei triestini che anelavano di ricongiungersi alla patria... o meglio, al paese, poiché persino la parola «patria» era stata pudicamente sostituita con questo sinonimo meno impegnativo.

Così, anche se l'opinione pubblica era generalmente schierata con i fratelli giuliani, i grandi partiti riluttavano a prendere posizione. La Democrazia cristiana, che avrebbe dovuto raccogliere i valori della vecchia Italia prefascista, esitava a fare proprie le tesi nazionali e preferiva richiamarsi a quel settore pacifista del mondo cattolico che già nel 1915 si era dichiarato contro l'intervento nella guerra per Trento e Trieste. Da parte sua, la Sinistra, ancora legata agli schemi della solidarietà antifascista e dell'internazionalismo proletario, si trovava a disagio nella difesa della frontiera orientale. Prigioniera di un cameratismo romantico che la portava a solidarizzare con tutti coloro che avevano combattuto il fascismo, continuava ad accomunare in un unico alveo le brigate internazionali che si erano battute in Spagna, i partigiani italiani e quelli di Tito, indicandoli tutti come campioni della lotta per la libertà. Pietro Nenni, per esempio, si considerava «un vecchio compagno di lotta del Maresciallo Tito nelle brigate internazionali di Spagna». Mentre Ernesto Rossi, un *maître à penser* del partito d'Azione, scriveva a Gaetano Salvemini che «fissarsi sulla questione di Trieste, di Gorizia e dell'Istria per me non ha alcun senso. Sono questioni insolubili finché si rimane nella tradizione degli Stati nazionali assolutamente sovrani...».

Mentre la Democrazia cristiana esitava, e i teorici della Sinistra ipotizzavano la creazione di una società felice, senza classi e senza confini, il problema dell'accoglienza e dell'assistenza dei profughi dalla Venezia Giulia si faceva sempre più grave. Ai problemi politici se ne aggiungeva un altro assai più pratico: quello economico. L'Italia, ancora prostrata dalla guerra, aveva pochi fondi da stanziare, mentre le offerte pur generose dei cittadini e di alcune banche non potevano sostituirsi all'azione dello Stato. Gli esuli erano stati sistemati provvisoriamente nelle scuole e nelle caserme abbandonate, oppure nei 109 centri di raccolta organizzati alla meglio qua e là per l'Italia. Ma, come si è detto, si trattava di una sistemazione provvisoria. Quale sarebbe stato il loro futuro?

Il governo affrontò questo interrogativo con un senso malcelato di fastidio e con fastidio dichiarato accolse la proposta di concentrare tutti i giuliani in una sola zona onde evitare la loro dispersione.

L'idea di creare una seconda Pola in Italia non era un

progetto peregrino. Esso era stato studiato dal Comitato giuliano guidato dall'infaticabile Antonio De Berti, di Pola, un deputato socialista del '21 più volte imprigionato dai fascisti e dai nazisti. A lui si doveva in buona parte l'organizzazione dell'esodo e a lui si dovevano le provvidenze e l'interessamento del governo.

Il progetto, già pianificato da ingegneri ed urbanisti e visto di buon occhio dagli Alleati, prevedeva la fondazione di una «città giuliana» (località proposte: il Gargano, Fertilia in Sardegna, la riserva di caccia di Castel Porziano) che consentisse agli esuli di inserirsi nell'economia del paese senza perdere la propria identità.

Scriveva in quei giorni Indro Montanelli sul «Corriere»:

> I giuliani non hanno battuto ciglio quando si è trattato di abbandonare terra, casa e averi. Ma non sanno rassegnarsi a venire frazionati e divisi. «Finché siamo insieme, siamo forti» dicono, ed io so a che cosa alludono. Alludono al timore di perdere, in mezzo all'incomprensione e allo scetticismo altrui, quel calore di solidarietà e quella febbre di italianità che tutti li stringono come una grande famiglia e che sono stati il sommo bene a cui essi hanno sacrificato tutti gli altri. Non vogliono separarsi. Non vogliono che i loro figli nascano lombardi, o pugliesi o piemontesi. Vogliono che restino giuliani anche in Lombardia, in Puglia e in Piemonte. È comprensibile, è bene che sia così...

Montanelli non aveva dubbi sul trionfo del buonsenso, ma sbagliava. La politica non va sempre d'accordo col buonsenso. E la politica italiana del momento tendeva alla dispersione degli esuli giuliani, onde dissolvere nella diaspora un problema spinoso in cui si condensavano implicazioni politiche e tante responsabilità. Concentrarli in una nuova patria avrebbe significato alimentare il culto della memoria. La proposta avanzata dal Comitato giuliano fu infatti respinta dal governo e gli esuli furono dispersi non solo in Italia, ma nel mondo intero. Riusciranno tuttavia, grazie alle loro associazioni, ai loro giornali, ai loro centri di studio, a salvare la propria identità culturale e anche a conservare il seme prezioso della loro italianità.

Trieste «Berlino dell'Adriatico»

Negli anni che seguirono, la questione giuliana continuò a rimanere al centro del dibattito interno ed internazionale e Trieste, la città contesa, la «Berlino dell'Adriatico», dove il Primo e il Secondo mondo si scontravano, diventò oggetto di mercanteggiamenti diplomatici e di complesse strumentalizzazioni politiche. Fu infatti una strumentalizzazione politica la Dichiarazione tripartita del 20 marzo 1948 nella quale Stati Uniti, Gran Bretagna e Francia affermavano che «il miglior modo di venire incontro alle aspirazioni democratiche del popolo e rendere possibile il ristabilimento della pace e della stabilità nella zona è il ritorno del Territorio Libero di Trieste alla sovranità italiana». Tale Dichiarazione, che, fra l'altro, per essere messa in pratica, avrebbe dovuto ottenere l'assenso sovietico, si proponeva infatti di influire, e certamente influì, sulle elezioni del 18 aprile di quell'anno quando gli italiani furono chiamati a scegliere fra il comunismo e la democrazia. Essa rimase tuttavia una solenne affermazione di principio alla quale il governo italiano si aggrappò speranzoso. Ma anche queste speranze tramontarono di lì a poco, ossia quando, il successivo 28 giugno, si verificò la rottura fra Tito e Stalin. La risoluzione del Cominform scombussolò tutti i giochi. Con l'estromissione della Jugoslavia dalla sfera sovietica la nostra frontiera orientale diventò meno «calda» e gli Alleati furono indotti ad ammorbidire i loro rapporti con Belgrado diventata una spina nel fianco dell'impero sovietico. Nel contempo, ribaltando le proprie posizioni, i comunisti italiani scatenavano una violenta campagna di stampa contro i «traditori» jugoslavi e procedevano a una drastica epurazione dalle loro file dei veri o presunti agenti titoisti. Da parte sua, il Pc del TLT, guidato da Vittorio Vidali, ripudiava definitivamente la pregiudiziale jugoslava e si trasformava, in accordo con l'URSS, nel più acceso sostenitore dello Stato libero di Trieste previsto dal Trattato di pace.

In questo bailamme di giochi sotterranei e di sconcertanti salti della quaglia, il governo italiano continuò tenacemente a chiedere l'attuazione della Dichiarazione tripartita. Gli Alleati avevano però, nel frattempo, modificato la loro strategia. Considerata la nuova situazione, essi erano ora ansiosi di liberarsi di un onere impegnativo e dispendioso. Si dicevano pronti ad affidare interamente la zona «A» all'Italia, ma non potevano garantire la restituzione della zona «B» ormai incamerata di fatto nel territorio jugoslavo.

Su questo dilemma, il dibattito continuò per alcuni anni. Mentre da più parti si sollecitava la rinuncia alla zona «B» pur di riavere Trieste e la zona «A», il capo del governo, Alcide De Gasperi, continuava a sentirsi vincolato alle promesse della Dichiarazione tripartita più di quanto si sentissero vincolati gli stessi Alleati che l'avevano proclamata. Questa lunga e tesa fase interlocutoria fu spesso interrotta da clamorose dimostrazioni di piazza dei triestini che reclamavano l'annessione all'Italia e che venivano duramente represse, con morti e feriti, dalle forze della «Venezia Giulia Police» agli ordini del generale britannico John T.W. Winterton, governatore del TLT.

Anche in seguito a queste manifestazioni, gli Alleati, sempre più ansiosi di risolvere la «grana» giuliana, verso la fine del 1952 avevano proceduto a liberarsi di una parte di responsabilità per il TLT aggiungendo, con pari poteri, un consigliere politico italiano al fianco di quello americano e di quello britannico. Successivamente, anche l'amministrazione era stata affidata a un «direttore superiore italiano» che dipendeva direttamente dal generale Winterton.

Questa decisione alleata, anche se formalmente non intaccava il principio della divisione in due zone del TLT, non mancò di sollevare le proteste di Belgrado che accusava il governo italiano di essersi annesso subdolamente la zona «A».

Nel frattempo lo scacchiere internazionale era stato nuovamente sconvolto dalla morte di Stalin e dalla riappacificazione fra URSS ed Jugoslavia. Il Maresciallo Tito ora non era più un reprobo né per l'Oriente né per l'Occidente; forte di questa sua nuova posizione, tornò a fare la voce grossa. Il 28 agosto 1953, una durissima nota di un'agenzia jugoslava annunciava che Belgrado aveva «perduto la pazienza» e che progettava di annettersi la zona «B» in risposta «alla fredda annessione della zona "A" da parte dell'Italia».

La nota minacciosa provocò una forte emozione a Roma dove, nel frattempo, De Gasperi era stato sostituito alla guida del governo da Giuseppe Pella, un tranquillo commercialista biellese che le circostanze trasformeranno in un combattivo capopopolo. Ne conseguì un'agitazione forse esagerata. Pareva che Tito volesse da un momento all'altro annettersi la zona «B» e magari incorporare anche la zona «A» che nella nota era stata definita «parte integrante del territorio jugoslavo». Di fronte a questa prospettiva, Pella reagì d'impulso e, in concitate riunioni con i suoi collaboratori, prese addirittura in esame un'azione militare nella zona «A» qualora Tito si fosse annesso la zona «B». Era la prima volta nella storia della giovane Repubblica italiana che si ipotizzava l'impiego delle armi per risolvere un conflitto diplomatico. Seguirono infatti movimenti di truppe italiane lungo la frontiera orientale che sollevarono timori e perplessità.

A Pella che mostrava i muscoli (lo storico Mario Toscano ha scritto che Pella si sarebbe detto addirittura pronto a «far sparare anche contro gli angloamericani se si fossero opposti a farci entrare nella zona "A"»), Tito rispose con una grande manifestazione popolare a Oktoglica (San Basso) che si trovava a meno di sei chilometri dal confine. Era il 6 settembre del 1953. Settantadue treni e altri mezzi di trasporto trasferirono in quella località 250.000 ex partigiani e migliaia di cittadini sloveni e croati. Tito pronunciò un discorso durissimo, spesso ironico e a volte sprezzante. Rispondendo alle accuse per gli orrendi massacri delle foibe, replicò elencando i crimini attribuiti agli occupanti italiani. Parlò di 70.000 sloveni deportati, di 11.000 fucilazioni e fece ascendere a 430.000 le vittime complessive delle repressioni attribuite all'esercito italiano.

Affrontando la questione del TLT il Maresciallo sottolineò sarcasticamente di non avere alcuna intenzione di impadronirsi della zona «B» per la semplice ragione che quel territorio era già jugoslavo. Poi, fra gli applausi scroscianti della folla oceanica, si rivolse direttamente all'Italia, che era a due passi, con minacciose parole di sfida definendo «aggressioni» il rafforzamento dei presidi confinari. «No» concluse Tito. «La zona "A" voi non l'occuperete e perciò sarebbe meglio far rientrare le divisioni nelle caserme e cominciare una conversazione...»

Seguirono giornate convulse fra movimenti di truppe e reciproci scambi di accuse e di note di protesta. Il gesto di fierezza di Giuseppe Pella aveva messo in agitazione le piazze (soprattutto quelle di Trieste) e allarmato il mondo politico. Muovendo le truppe di propria iniziativa, Pella aveva toccato una grossa questione di principio: da tre anni l'Italia faceva parte della Nato e le truppe erano state mosse senza avvertire gli alleati. Ciò avrebbe potuto provocare una forte reazione all'interno dell'Alleanza atlantica. Ma ben più preoccupante era la prospettiva di un eventuale intervento militare: anche se uno scontro diretto italo-jugoslavo era una possibilità remota (i diecimila soldati alleati presenti a Trieste l'avrebbero certamente impedito), il solo pensiero di un conflitto armato raggelò anche gli spiriti più bollenti. Malgrado ciò, Pella non modificò la propria linea di condotta. Al contrario di De Gasperi, che aveva rifiutato di incamerare la zona «A» per evitare che gli jugoslavi facessero altrettanto con la zona «B», il nuovo capo del governo, sostenuto da molti autorevoli esponenti della diplomazia italiana, riteneva che l'acquisizione della zona «A» non avrebbe pregiudicato i nostri diritti sulla zona «B».

Giuseppe Pella rispose a Tito il 13 settembre parlando in Campidoglio dove, nella sala degli Orazi e Curiazi, si celebrava l'anniversario della Resistenza romana. Egli sottolineò con pacatezza che il problema di Trieste doveva trovare una soluzione «aderente alle attese dell'anima nazionale» e indicò la Dichiarazione tripartita come lo strumento necessario e irrinunciabile. Dopo avere rilevato l'arroganza di Tito che non aveva esitato a dichiarare che la zona «B» era ormai definitivamente in mano jugoslava, rivendicò i diritti dell'Italia su tutto il TLT e riaffacciò la vecchia proposta di un plebiscito, affermando che se Belgrado lo avesse rifiutato «tutti dovranno trarne le debite conseguenze: primi fra tutti gli Stati Uniti e la Gran Bretagna...». Poi concluse con fermezza: «Se ciò non dovesse verificarsi, e mi rifiuto di crederlo, Parlamento e Governo saprebbero rendersi interpreti degli interessi del Paese e della volontà della Nazione».

Parole chiare, ma anche pericolose che tuttavia sollevarono l'entusiasmo dei presenti. Racconta un cronista: «Il discorso è stato salutato da applausi scroscianti. Pella è costretto a sostare nella sala degli Orazi e Curiazi più del previsto. Le Autorità gli si fanno incontro e si congratulano. Quando finalmente il Presidente si avvia verso lo scalone per scendere e lasciare il palazzo, si tenta di spingerlo verso il balcone perché possa rispondere al saluto della folla che si accalca nella piazza, tutt'attorno alla statua di Marco Aurelio, e lo acclama scandendo il nome: Pel-la, Pel-la».

Fra tanti consensi, mancò a Pella quello del suo partito, la Democrazia cristiana. Tuttavia la tesi del plebiscito, come affermano Indro Montanelli e Mario Cervi rievocando l'avventura del pacifico commercialista di Biella, raccolse molte adesioni forse perché – aggiungono i due autori con ironia – nessuno la riteneva realizzabile. Soltanto Togliatti continuò a reclamare l'indipendenza del TLT e la sua smilitarizzazione in perfetta linea con quanto andava chiedendo l'Unione Sovietica.

L'8 ottobre del 1953 Londra e Washington compirono un altro passo per sbloccare la crisi annunciando la loro intenzione di affidare la zona «A» al governo italiano. Giuseppe Pella replicò che «l'eventuale accettazione da parte italiana non avrebbe potuto in alcun modo significare rinuncia alla rivendicazione di tutto il Territorio libero di Trieste». Tale dichiarazione mandò Tito su tutte le furie. Minacciò di reagire con le armi se le truppe italiane fossero entrate a Trieste e si rivolse all'ONU (di cui l'Italia non faceva ancora parte) riuscendo in tal modo a bloccare l'iniziativa angloamericana.

Seguirono ancora giorni infuocati. Il 4 novembre Pella parlò a Venezia in occasione dell'anniversario della Vittoria. Centomila persone gremivano piazza San Marco. Quando affrontò il problema di Trieste, il presidente del Consiglio promise che il governo avrebbe fatto buona guardia: «Sì, amici, siatene certi. Per l'Italia, per la sua dignità, per i suoi vitali interessi, questa è la consegna a cui questo governo – ogni governo italiano – ubbidirà: buona guardia!».

Mentre Pella arringava la folla, cominciarono a giungere notizie di disordini a Trieste e di scontri violenti fra i dimostranti e gli agenti di pubblica sicurezza cui Winterton aveva dato disposizioni rigorose.

Ma il peggio doveva venire il giorno seguente. Ecco come Giulio Cesare Re, collaboratore di Pella, riassunse gli avvenimenti. «Il 5 novembre, davanti alla chiesa di Sant'Antonio Nuovo, a Trieste, la polizia spara sulla folla inerme, in mezzo a cui si sono rifugiati gruppi di giovani inseguiti dalle forze dell'ordine: due morti e una cinquantina di feriti. Il comunicato diramato in serata da Winterton ignora la profanazione del tempio. Il 6 novembre i disordini continuano: la polizia spara ancora sui dimostranti senza usare prima le bombe lacrimogene e gli idranti. Alla fine della giornata si registrano altri quattro morti e ancora una cinquantina di feriti.»

I fatti di Trieste provocarono altre polemiche e il paese, come al solito, si divise in due. Come si è già accennato, la sinistra che simpatizzava per la Jugoslavia non mancò di individuare «segni di risorgente fascismo» nelle manifestazioni in favore dell'italianità di Trieste. Contro queste insinuazioni si levarono molte autorevoli voci, ma la pentola continuava a bollire e gli istriani a fuggire...

La soluzione «provvisoria» del nodo triestino

L'ultimo grande esodo si registrò fra il 1953 e il 1955. La dichiarazione angloamericana dell'8 ottobre 1953 che annunciava l'affidamento della zona «A» all'Italia aveva fortemente depresso gli italiani ancora residenti nella zona «B». Ascoltando la saggezza popolare, più che le assicurazioni di Pella e dei vari comitati che garantivano l'intangibilità di quell'ultimo lembo d'Italia, anche i più restii ad abbandonare la propria terra si accinsero a partire prima ancora che il Memorandum d'intesa del 5 ottobre del 1954 confermasse i loro timori.

«Incoraggiati» dagli attivisti slavi che minacciavano rappresaglie, anche i contadini, che fino a quel momento erano stati la categoria più radicata, si mossero in misura massiccia così come gli operai e i pescatori. In quattro anni ne fuggirono circa 40.000 e molte famiglie si divisero, poiché spesso un figlio, un fratello o un genitore scelse di rimanere nella speranza che un giorno la regione tornasse all'Italia.

Dai tragici fatti di Trieste dovette trascorrere circa un anno prima che il nodo triestino potesse essere *provvisoriamente* sciolto (ma destinato a diventare definitivo col Trattato di Osimo). Nel frattempo, Giuseppe Pella, scaricato dal suo partito, si era dimesso e Mario Scelba era stato chiamato dal presidente Einaudi alla guida del governo. L'Italia, cosa purtroppo niente affatto rara, stava vivendo il solito momento difficile. De Gasperi, stanco e malato, era stato messo in disparte (morirà il 19 agosto del 1954), lo «scandalo Montesi» dilaniava il mondo politico, i sindacati erano in lotta fra di loro, i caroselli della «Celere» impazzavano, la polizia sparava e schedava gli operai.

Intanto si continuava a negoziare sul TLT, anche se il problema di Trieste e il dramma degli esuli non figuravano fra le priorità nazionali. In queste condizioni si giunse al 5 ottobre del 1954 quando, a Londra, i rappresentanti degli Stati Uniti e della Gran Bretagna siglarono con l'ambasciatore d'Italia Manlio Brosio e l'ambasciatore di Jugoslavia Vladimir Velebit, il Memorandum d'intesa. Il quale stabiliva: «Non appena il presente Memorandum sarà parafato e le rettifiche alla linea di demarcazione da esso previste saranno state eseguite, i governi del Regno Unito, degli Stati Uniti e di Jugoslavia porranno termine al governo militare nelle zone "A" e "B" del Territorio. I governi del Regno Unito e degli Stati Uniti ritireranno le loro forze armate dalla zona a nord della nuova linea di demarcazione [ossia dalla zona "A", N.d.A.] e cederanno l'amministrazione di tale zona al governo italiano. Il governo italiano e il governo jugoslavo estenderanno immediatamente la loro amministrazione civile sulla zona per la quale avranno responsabilità».

Il Memorandum, teoricamente provvisorio, non faceva alcun riferimento alla sorte futura della zona «B» e su questa lacuna fioriranno interpretazioni contraddittorie, reclami e contestazioni (il vescovo Santin lo definì «un'ingiustizia commessa dalle potenze belligeranti») che manterranno il dibattito acceso per anni. Il Trattato di Osimo, firmato il 1° ottobre 1975 dal governo italiano presieduto da Mariano Rumor, porrà definitivamente una pietra tombale sopra ogni pur legittima pretesa da parte italiana. Lo stesso Memorandum, oltre a determinare l'esodo degli italiani della zona «B», spinse all'esodo, come si è già accennato all'inizio di questo libro, anche alcune migliaia di persone che vivevano nei pressi della nuova frontiera e che erano convinte di essere «in salvo». Le correzioni portate alla «linea Morgan», per permettere alla Slovenia uno sbocco al mare, avevano attribuito alla Jugoslavia una ventina di villaggi precedentemente inclusi nella zona «A».

La mattina del 26 ottobre, mentre i genieri britannici del *Royal Engineers* conficcavano gli ultimi paletti della lunga linea gialla che delimitava il nuovo confine italo-jugoslavo, i bersaglieri entravano nella città contesa fra un tripudio di bandiere e gli applausi di una folla immensa e commossa.

Trieste tornava per la seconda volta all'Italia. Non tornavano invece le città italiane dell'Istria e della Dalmazia. Non tornavano i circa 300.000 protagonisti di un esodo biblico che aveva spopolato la regione giuliana dei suoi figli più veri. In quelle terre strappate all'Italia rimanevano soltanto le tombe senza croci di migliaia di italiani sprofondati nelle foibe da una programmata «pulizia etnica» che, per cinquant'anni, storici e politici si sono ostinati a negare.

Oggi, dopo quanto è accaduto in Bosnia, in Croazia, nel Kosovo, forse si saranno ricreduti.

BIBLIOGRAFIA

AA.VV., *I Comunisti a Trieste*, pref. di A. Natta, Roma 1983.

Alessi, Rino, *Trieste viva*, Roma 1954.

Alexander, Harold G., *Le memorie*, Milano 1965.

Amoretti, Gian Nicola, *La vicenda italo-croata*, Rapallo 1979.

Andreotti, Giulio, *De Gasperi e il suo tempo*, Milano 1956.

Arneri, Glauco, *Trieste*, Trieste 1998.

Bartoli, Gianni, *Il martirologio delle genti adriatiche*, Trieste 1961.

Bedeschi, Giulio, *Fronte italiano: c'ero anch'io*, Milano 1987.

Benco, Silvio, *Contemplazione del disordine*, Udine 1946.

Bertoldi, Silvio, *Dopoguerra*, Milano 1993.

Bettiza, Enzo, *Esilio*, Milano 1997.

Biso, Norberto, *I vivi, i morti e i naviganti*, Milano 1996.

Bocca, Giorgio, *Storia della Repubblica*, Milano 1982.

Bonvicini, Guido, *Decima marinai! Decima Comandante!*, Milano 1988.

Borghese, Junio Valerio, *La X flottiglia Mas*, Milano 1995.

Carnier, Pier Arrigo, *Lo sterminio mancato*, Milano 1982.

–, *L'armata cosacca in Italia*, Milano 1990.

Chessa, Pasquale, *Rosso e Nero*, Milano 1995.

Chopris, Fulvio, *Calvario adriatico*, Milano 1969.

Churchill, Winston, *La seconda guerra mondiale*, Milano 1970.

Ciano, Galeazzo, *Diario 1937-1943*, Milano 1948.

Coceani, Bruno, *Mussolini, Hitler, Tito*, Bologna 1948.

Cox, Joffrey, *La corsa per Trieste*, Trieste 1959.

De Castro, Diego, *La Questione di Trieste*, Bologna 1954.

De Felice, Renzo, *Mussolini il fascista*, Torino 1966.

–, *Mussolini l'alleato*, Torino 1990.

De Simone, Pasquale, *Dalla Conferenza della Pace all'esodo*, Gorizia 1992.

–, *Gente in esilio*, Gorizia 1992.

–, *La vana battaglia per il plebiscito*, Gorizia 1990.

–, *Pola clandestina*, Gorizia 1988.

Deakin, Frederik W., *Storia della Repubblica Sociale*, Torino 1963.

Gigliotti, Felice, *Gorizia cimitero senza croci*, Udine 1968.

Goebbels, Joseph, *Diario intimo*, Milano 1948.

Incisa di Camerana, Ludovico, *L'Italia della luogotenenza*, Milano 1996.

Kaltenegger, Roland, *Zona d'operazione Litorale Adriatico*, Gorizia 1996.

La Perna, Gaetano, *Pola, Istria, Fiume*, Milano 1993.

Lamb, Richard, *La guerra in Italia*, Milano 1996.

Lisiani, Vladimiro, *Good bye Trieste*, Milano 1964.

Mori, Anna Maria-Milani Nelida, *Bora*, Milano 1998.

Mutarelli, Donato, *Osimo spiegato a tutti*, Milano 1994.

Nenni, Pietro, *Diari*, Milano 1991.

Nesi, Sergio, *Decima flottiglia nostra*, Milano 1986.

Papo, Luigi, *Albo d'oro*, Trieste 1995.

–, *L'ultima bandiera*, Gorizia 1986.

Piazzi, Bruno, *Perché gli altri non dimentichino*, Trieste 1980.

Pini, Giorgio, *Itinerario tragico*, Milano 1950.

Pisano, Giorgio, *La guerra civile in Italia*, 1967.

Pitamitz, Antonio, *Tutte le verità sulle foibe*, in «Storia Illustrata», nn. 306-307, 1989.

Quarantotti Gambini, Pier Antonio, *Primavera a Trieste*, Milano 1967.

Ricciotti, Lazzero, *La Decima Mas*, Milano 1984.

Rocchi, Flaminio, *L'esodo dei 350.000*, Trieste 1970.

Romano, Paola, *La questione giuliana*, Trieste 1997.

Scotti, Giacomo, *I disertori*, Milano 1986.

–, *Ventimila caduti. Gli italiani in Jugoslavia*, Milano 1970.

–, *Il battaglione degli straccioni*, Milano 1974.

–, *Bono Taliano*, Milano 1977.

–, *Goli Otok*, Trieste 1997.

Spazzali, Roberto, *Foibe*, Trieste 1990.

–, *Venezia Giulia, lotte nazionali in una regione di frontiera*, Trieste 1998.

Spriano, Paolo, *Storia del PCI*, Torino 1973.

Sprigge Sylvia, *Trieste Diary*, Gorizia 1960.

Talpo, Oddone, *Dalmazia, una cronaca per la storia*, Roma 1990.

Tamaro, Attilio, *Due anni di storia 1943-1945*, Roma 1950.

Unione degli Istriani, *I sopravvissuti alle deportazioni in Jugoslavia*, Trieste 1997.

Valdevit, Giampaolo (a cura di), *Foibe, il peso del passato*, Udine 1993.

REFERENZE FOTOGRAFICHE

INDICE DEI NOMI

«L'esodo»
di Arrigo Petacco
Oscar storia
Arnoldo Mondadori Editore

Questo volume è stato stampato
presso Mondadori Printing S.p.A.
Stabilimento NSM – Cles (TN)
Stampato in Italia – Printed in Italy